OUVRAGES

Qui se trouvent chez Arthus Bertrand, libraire, rue Hautefeuille, n°. 23.

ABRÉGÉ CHRONOMÉTRIQUE ÉLÉMENTAIRE DE L'HISTOIRE DE FRANCE, par tableaux séculaires, indiquant, par les couleurs, les démembremens des provinces de la monarchie et leur réunion à la Couronne, et par des signes, la vie des Rois, la durée de leurs règnes, les événemens mémorables, siéges, batailles, traités, alliances; l'origine de la féodalité, celle de la noblesse, des parlemens, des impôts, les convocations des Etats-généraux, les changemens survenus dans l'état moral et politique des Français, et les hommes célèbres.

Avec un texte explicatif en regard, et renvois en marge aux auteurs, où l'on peut puiser une instruction plus étendue, selon l'importance des événemens.

Par F. Goffaux, professeur-émérite du collége royal de Louis-le-Grand. 1 vol. in-8, avec les tableaux coloriés. 6. f. 50 c.

ÉPOQUES PRINCIPALES DE L'HISTOIRE, pour servir de précis explicatif au tableau chronométrique, en indiquant l'origine, les progrès, la durée et la chute des empires; par F. Goffaux; in-8, avec le tableau colorié, sur papier grand-aigle de Hollande. Troisième édition. 6 f.

DICTIONNAIRE DES MÉTAPHORES FRANÇAISES, ou Recueil de Métaphores extraites des meilleurs auteurs français dans le style soutenu, et dans celui familier. in-8. 5 f.

Nota. C'est le premier Dictionnaire des Métaphores qui ait paru.

CHARMES (LES) de l'enfance, et les plaisirs de l'amour maternel, par Jauffret, 4 vol. in-18, en français et en allemand. 5 f.

CHAUMIÈRE (LA) indienne, par J. H. B. de Saint-Pierre, traduit en italien par Bruner, 1 vol. in-12. 2 f.

CONTES, NOUVELLES ET HISTORIETTES, par Mad. la comtesse de Genlis, Mad. la comtesse de Beaufort d'Hautpoul, Mad. Dufresnoy, M. L. C. L., etc., etc.; 2 vol. in-12, ornés de sept gravures. 6 f.

ENTRETIENS D'UN PÈRE AVEC SES ENFANS SUR L'HISTOIRE NATURELLE, ornés de 400 figures. 5 vol. in-12. 12 f.

ÉDUCATION (DE L'), ou Émile corrigé; dédié au Roi; par M. Biret, auteur du Christianisme mis en rapport avec les plus douces affections de l'homme. 2 vol. in-12. 6 f.

ÉDUCATION (DE L') DES FILLES ; par Fénélon ; in-18. 1 f. 25 c.

MAGASIN DES ENFANS, ou Entretiens d'une sage Gouvernante avec ses Élèves ; par madame Leprince de Beaumont. 4 vol. in-12, ornés de 10 figures et cartes. 6 f.

MAGASIN DES ADOLESCENTES, pour faire suite au Magasin des Enfans. 4 vol. in-12, fig. Par la même. 6 f.

MAGASIN DES JEUNES DAMES, pour faire suite au Magasin des Adolescentes. 6 vol. in-12. Par la même. 9 f.

MAGASIN DES PAUVRES ARTISANS ET DOMESTIQUES. 2 vol. in-12. *Id.* 3 f.

ÉDUCATION COMPLÈTE, ou Abrégé de l'Histoire universelle. 4 vol. in-12. Par la même. 6 f.

SYSTÈME (NOUVEAU) DE LECTURE, applicable à toutes les langues ; par Mandru. 2 vol. in-8, et un atlas in-folio de 105 tables ou tableaux ; ouvrage consacré aux écoles publiques et particulières. 9 f.

Le premier volume comprend un discours préliminaire d'environ 250 p. ; le deuxième volume un répertoire accompagné d'un tableau prosodique, et l'atlas in-folio 105 tables ou tableaux.

HISTOIRE DE L'ANICEN ET DU NOUVEAU TESTAMENT, avec des explications édifiantes tirées des Saints-Pères ; par Royaumont, prieur de Sombreval, avec 40 fig. 1 vol. in-12. 2 f. 50 c.

JOURNÉE DU CHRÉTIEN, sanctifiée par la prière et par la méditation, suivie de l'Abrégé de la Doctrine chrétienne ; par M. l'abbé de la Hogue ; nouvelle édition de 1817, augmentée et revue, un vol. in-18 de huit feuilles. 1 f.

Relié proprement. 1 f. 50 c.

CATÉCHISME HISTORIQUE, contenant en abrégé l'Histoire Sainte et la Doctrine chrétienne, par l'Abbé Fleury. Nouvelle édition in-18. 1 f 25 c.

Id. relié. 1 f. 75 c.

EPÎTRES ET EVANGILES pour les Dimanches et Fêtes de l'année, précédés des prières du matin et du soir, suivies des Vêpres et Complies du Dimanche. 1 vol. in-18. 1 f. 50 c.

Id. relié. 2 f.

HISTOIRE abrégée de l'Ancien Testament, avec celle de la Vie de N. S. Jésus-Christ, où sont contenues ses principales actions ; deux parties en un vol. in-12. 1 f. 80 c.

Id. relié. 2 f. 50 c.

LE QUADRILLE DES ENFANS,

OU

SYSTÈME NOUVEAU DE LECTURE,

Avec lequel tout enfant de quatre à cinq ans, peut, par le moyen de 84 Figures coloriées, être mis en état de lire dans toutes sortes de livres, en trois ou quatre mois.

Par feu M. BERTHAUD.

SEPTIÈME ÉDITION,

Refondue et perfectionnée à leur usage, avec une Instruction sur la manière de se servir du Livre, ainsi que des 84 Fiches coloriées placées dans une boîte à compartimens.

A PARIS,
CHEZ ARTHUS BERTRAND, LIBRAIRE,
RUE HAUTEFEUILLE, N°. 23.

IMPRIMERIE DE D'HAUTEL.

AVERTISSEMENT

PRÉLIMINAIRE,

A la suite duquel on trouvera une Instruction sur la manière de se servir des Fiches et du Livre.

CETTE Méthode, dont l'invention est due aux recherches de M. Berthaud, et qui parut pour la première fois en 1744, avec un succès prodigieux, étoit tombée dans une sorte d'oubli par la mort de l'auteur. En 1777, M. Alexandre, assuré de toute son utilité, eut l'honneur de la proposer à S. A. S. Monseigneur le duc de Chartres, et elle fut adoptée par ce Prince, qui daigna faire choix de cet Editeur, pour l'enseignement de la lecture auprès des jeunes Princes et Princesses, ses enfans. Comme il n'existoit plus alors d'exemplaires de cet Ouvrage, il fut réimprimé pour leur usage, mais avec tant de précipitation, qu'il s'y étoit glissé des fautes et des transpositions qui pouvoient en rendre la pratique difficile. M. Alexandre, qui en connoît parfaitement l'esprit et le plan, s'est chargé, de travailler à l'édition que l'on donne aujourd'hui au public, et d'en suivre l'exécution, au nom de madame la veuve Berthaud, qui en conserve le privilége, et qui a continué de tenir avec distinction la Pension Académique établie, depuis nombre d'années, rue et faubourg Saint Honoré, n°. 42.

Cette nouvelle édition, que l'on a refondue entièrement, pour la rendre encore plus abrégée, plus méthodique et plus correcte que la précédente, offre, dans le Livre même, une instruction préliminaire et successive, d'après une longue expérience, sur la manière de se servir des Fiches et du Livre, en sorte que cet Ouvrage a acquis un degré de perfection tel qu'on est persuadé qu'il ne laissera rien à désirer. Le Livre seul pourra suffire à ceux qui ne voudront pas faire la dépense des Fiches; mais les enfans y perdront du côté de l'amusement qu'il faut faire entrer, autant qu'il est possible, dans toutes les parties de l'enseignement.

Les succès aussi faciles que rapides, obtenus journellement par cette Méthode, et le suffrage des personnes de la plus grande distinction qui l'ont adoptée, suffisent pour prouver combien elle a d'avantages sur tous les autres systèmes anciens ou modernes. Ces avantages sont si précieux et si certains, que l'on doit avancer, sans craindre d'être contredit, que tout enfant de quatre (1) à cinq ans, et même au-dessous (2), peut apprendre à lire en moins de trois mois, s'il est bien montré, et surtout s'il est docile.

Qu'il soit permis de dire ici que malheureusement cette disposition, la docilité, si essentielle pour les progrès, ne

---

(1) On pourroit, à commencer depuis 1778, présenter ici une liste considérable d'enfans de l'âge de trois ans et demi, de quatre et de cinq, qui ont fait des progrés étonnans; mais on se bornera à en citer, y étant dûment autorisé, quelques-uns de chaque classe.

Mademoiselle de Chartres, qui est dans celle des enfans de cinq ans, a commencé à lire couramment au bout de quinze leçons.

Il n'a fallu au fils de M. le marquis du Crest, que deux mois et demi pour être en état de se passer de Maître.

Mademoiselle Sanlot l'aînée, etc., etc.

(2) Parmi ceux au-dessous de quatre ans, qui ont su lire en moins de trois mois, on distingue entr'autres Monseigneur le Duc de Montpensier.

Le fils de M. le marquis de Rougé n'a eu besoin que de quarante-huit leçons pour lire parfaitement.

Mademoiselle des Salles, fille de madame la Comtesse des Salles.

Mademoiselle Sanlot la jeune, etc., etc., etc.

D'autres de sept à huit ans, à qui on n'avait pu apprendre à lire par l'épellation, ont réussi parfaitement par cette Méthode, et en très-peu de temps; il s'en est trouvé auxquels il n'a fallu que trente-six leçons.

se rencontre pas dans tous les sujets, parce que trop ordinairement, loin de s'étudier à réprimer leur caractère, en les accoutumant de bonne heure à une subordination douce, raisonnable et soutenue, on a la foiblesse de céder à toutes leurs fantaisies, sans en prévoir les fâcheuses conséquences. Il en est une entr'autres bien propre à alarmer, et qui devroit faire naître enfin quelques réflexions sérieuses sur les moyens de la prévenir : c'est celle de devenir tôt ou tard injuste à l'égard des enfans; car, lorsqu'ils sont parvenus à l'âge où il faut commencer à les instruire, on est souvent forcé de les punir pour essayer de les corriger des défauts dont les personnes aux soins desquelles ils sont confiés, leur ont laissé contracter l'habitude. Former par degrés, et pour ainsi dire dès le berceau, le caractère des enfans, c'est le vrai moyen de leur épargner bien des chagrins, et conséquemment de leur préparer, ainsi qu'à tous ceux qui les environnent, des jours calmes et heureux. Mais revenons à notre sujet, dont nous a écartés cette petite digression à laquelle on a été amené naturellement, non pas comme critique, mais comme observateur à portée depuis long-temps de voir et de comparer la manière dont on élève les enfans.

Comme cette Méthode parle aux yeux et aux oreilles (langage qu'il faut toujours employer avec les enfans), il en résulte non-seulement beaucoup plus de facilités pour eux, mais, ce qui est d'un prix inestimable, une économie réelle de temps, puisqu'au bout de trois ou quatre mois, on peut les occuper des autres objets qui entrent dans le plan de leur éducation, dont les progrès sont ordinairement retardés par des années employées uniquement à apprendre à lire. Ce retard n'est pas le seul mal qui dérive nécessairement des difficultés qu'ils rencontrent dans ces premiers élémens; elles font naître l'ennui et le dégoût, qui dégénèrent en une aversion invincible pour les livres. Cette aversion se perpétue et se fortifie d'autant plus, qu'elle a pris racine dans un âge susceptible de toutes sortes d'impressions; et de-là une nullité presqu'absolue dans l'éducation.

Pour faire concevoir combien la Méthode commune trompe les sens de l'enfant et surcharge sa mémoire, on se bornera à trois exemples : *eau*, *oient*, terminaison de la troisième personne du pluriel de l'imparfait, et *ph*. Le premier présente trois lettres, qui ont trois sons différens, *e*, *a*, *u*, dont il faut que l'enfant forme un quatrième, celui de l'*o*, dont son oreille n'a point été frappée, et qu'il n'a pas vu dans *eau*.

Le second exemple *oient*, offrent cinq lettres, qui sonnent bien différemment. Il faut cependant qu'il retienne, toujours contre ce qu'il voit et ce qu'il entend, que *o*, *i*, *e*, *n*, *t*, font *ai*. A quels efforts de mémoire n'oblige pas une semblable opération ? Combien ne faut-il pas insister sur ces deux lettres *ph*, pour que l'enfant se souvienne qu'elles se prononcent *f* ?

En réfléchissant avec un peu d'attention sur les difficultés attachées à l'épellation, on ne sera plus surpris, non-seuleument de tous les inconvéniens qui en dérivent, tels que l'ennui pour les enfans, le chagrin, les pleurs, le dégoût, une perte considérable de temps, et pour les parens et les maîtres, une peine souvent infructueuse ; mais encore de trouver des personnes qui n'ont jamais pu apprendre à lire. Enfin, ces difficultés sont si grandes, que l'on peut dire avec M. Duclos : *Quiconque sait lire, sait le plus difficile de tous les arts.*

Exposé de l'esprit de ce Système de lecture.

Le Quadrille ayant pour but d'amener, par des opérations simples et faciles, à la connoissance détaillée de tous les sons de la langue, exprimés par une ou plusieurs lettres, il a fallu, après avoir démélé ceux qui sont fondamentaux et comme la clef de la lecture, trouver un moyen sûr et aisé de peindre ces sons, afin de les graver dans la mémoire de l'enfant d'une manière claire et distincte. C'est ce que M. Berthaud est venu à bout d'exécuter heureusement, par des Figures qui représentent des objets connus et familiers, mais dont le nombre, par une nouvelle combinaison, se trouve, dans cette édition, réduit à quatre-vingt-quatre. Ces Figures, et les sons qui y répondent, frappant leur vue, les occupent, fixent leur imagination volage, et les appliquent sans qu'ils s'en aperçoivent et sans qu'il leur en coûte. Les Fiches de différentes couleurs sur lesquelles sont collés, d'un côté la Figure; et de l'autre le son qui y a rapport, deviennent entre les mains de l'élève, des joujoux instructifs ; il les range selon leur couleur, dont la variété l'amuse ; le loup, le chien, le mouton, deviennent ses camarades de jeu ; il converse avec eux ; tous ces personnages l'intruisent sans qu'il s'en doute, et si bien, qu'il apprend à lire en très-peu de temps.

Cet exposé ayant paru suffisant pour donner une idée de ce système de lecture, on se contentera de rappeler ici le jugement que M. l'abbé Desfontaines en a porté. Ce fameux critique, après en avoir fait, en 1744, une épreuve sur un enfant présenté par lui-même à l'auteur, le jugea si avantageux pour l'éducation, et même pour le progrès des sciences (ce sont ces termes), que dans le compte qu'il en a rendu dans ses Observations sur les écrits modernes ; tome 32, Lettre 469, il l'appelle *la Pierre philosophale*. MM. de Crébillon et de Marivaux, anciens membres de l'Académie française, ont donné, dans le temps, leur certificat, en forme d'approbation, d'une autre épreuve faite sous leurs yeux, sur deux ramoneurs, qui, au bout d'un mois, moyennant deux leçons par jour, ont été en état de lire à l'ouverture du premier livre.

On doit, avant de finir, rassurer ceux qui, soit par l'effet d'une prévention dans laquelle ils veulent bien rester, soit par un défaut d'examen de cette Méthode, la soupçonnent encore susceptible d'inconvénient par rapport à l'orthographe, parce que l'épellation y est rejetée. Pour cela on les invitera à consulter des pères et mères montrés par cette Méthode, quand ils étoient enfans, et qui en ont fait, ou font aujourd'hui usage pour les leurs; ils obtiendront par-là des preuves sans nombre et plus convaincantes que tous les raisonnemens que l'on pourroit faire, pour les persuader de leur erreur à cet égard. D'ailleurs, les enfans que l'on fait épeler, ceux même qui apprennent par le Bureau Typographique, sont-ils en état, quand ils savent lire, d'orthographier? Ils y parviennent à peine dans un âge plus avancé. Pour écrire correctement, il faut des principes et de l'usage : l'un ne s'acquiert que par le temps, et l'autre par une étude qui est bien au-dessus des forces de l'enfance. Or, s'il est constant que cette Méthode conduit à l'orthographe, au moins aussi sûrement que les autres, non qu'elle a, par-dessus toutes, l'avantage non équivoque de réduire à trois ou quatre mois plusieurs années uniquement employées à des leçons de lecture, de faire un jeu d'une étude rebutante par elle-même, et d'en inspirer le goût aux enfans ; enfin, si par son moyen on réussit avec ceux auxquels on désespéroit de pouvoir apprendre à lire par l'épellation, le public éclairé jugera quelle est celle qui doit mériter la préférence.

Nota. L'éditeur s'est attaché à traiter toutes les parties de cet Ouvrage, surtout d'une manière méthodique, pour mettre le maître et l'élève sur la voie des succès. Il désire d'y avoir réussi au gré de ceux qui en feront usage, et il sera amplement dédommagé de son travail.

Quand le lecteur se sera pénétré de l'esprit de cette Méthode, et qu'il en connoîtra le plan, il sera en état de juger qu'il n'étoit guère possible d'employer un autre langage, pour rendre sensible et utile l'instruction ci-après, de même que les différens avis qui y sont analogues.

INSTRUCTION

***Sur** la manière de se servir des Fiches et du Livre où les opérations sont divisées en douze leçons seulement ; les sons dont la lettre initiale est majuscule, et ceux qui sont en gros caractères n'étant que la répétition de tous les sons précédens.*

1°. On commencera par les Fiches de la première Planche, dont on fera connoître les Figures à l'enfant. Quand elles lui seront familières, on exposera sous ses yeux, sur une table, les cinq premières, selon l'ordre, si l'on veut, dans lequel elles sont dans le Livre, et on lui fera d'abord donner à chaque son le nom de la Figure qui est au revers de chaque Fiche. Par exemple, en lui montrant *une*, on lui fera dire la *lune;* en lui faisant voir voir *i*, on lui fera appeler cette lettre un *lit ; a* se nommera un *chat ; u* un *bossu; emme* une *femme;* ainsi du reste, sans avoir égard aux autres sons, non plus qu'à ceux en gros caractères, qui sont au bas des Fiches, et sur lesquelles il sera temps d'exercer l'enfant quand il saura la quatrième Planche, afin de ne pas trop le surcharger, et d'éviter la confusion dans ses idées.

A mesure que l'enfant, en voyant un son, l'appellera du nom de la Figure qui y a rapport, comme s'il voyoit la Figure elle-même, on aura grand soin de lui abandonner la Fiche, en lui disant qu'il l'a gagnée, pour piquer son émulation, et lui faire un jeu de ce petit exercice.

2°. En supposant qu'il nomme toutes les Figures de la

première (1) Planche, à la seule inspection des sons ou syllabes qui s'y rapportent, on lui fera dire, sur ces mêmes sons, la *lune une*, un *lit i*, un *chat a*, un *bossu u*, une *femme emme*, une *pipe ip*, une *chaise aise*, etc.

3°. Quand son oreille sera bien accoutumée à ces sons ou échos, on lui fera dire tout bas la *lune*, et tout haut *une;* un *lit* tout bas; et *i* tout haut; une *femme* tout bas, et *emme* tout haut; et de même pour tous les autres sons de cette première Planche, que l'on n'abandonnera pas, que l'enfant ne soit en état, en pensant seulement à la Figure, de les articuler promptement au premier coup-d'œil, dans tel ordre qu'on les lui présente.

S'il arrivoit qu'il hésitât sur quelques-uns, on se gardera bien de lui nommer les lettres qui entrent dans leur composition, puisqu'il n'est pas nécessaire qu'il les connoisse pour lire; mais on le rappellera à la Figure, en lui disant: *Pensez à la Figure;* et s'il n'en venoit pas à bout, alors on la lui montreroit.

4°. Lorsqu'on sera assuré que l'enfant possède parfaitement tous les sons de la première Planche, on prendra les Fiches de la seconde, en faisant exactement pour celle-ci tout ce qu'on aura fait pour la précédente, sur laquelle on l'exercera toujours.

5°. Ces deux Planches étant bien sues, on passera à la troisième (2), qui est celle des consonnes, en suivant le

---

(1) Il y a dans cette première Planche une lettre que l'on nomme vulgairement *é*, et que nous appelons *e* désigné par la *Roue*. On ne fera pas dire une *roue oue*, mais une *rou e*, ce dernier son rendant celui de l'*e* muet.

(2) Le son *ill*, représenté par les *feuilles*, et qui est au nombre des consonnes, sert à la prononciation de l'*l* mouillée, comme dans *vaillant;* et quand elle n'est pas mouillée, elle se prononce ordinairement comme si elle étoit simple; exemple : *ville*, *pupille*.

même procédé que pour l'étude des deux autres, cependant en faisant dire à l'enfant, non pas une *cave ave*, une *tête ête*, une *poule oule*, etc.; mais une *ca ve*, une *tê te*, une *pou le*, etc., de manière à l'amener à ne plus prononcer que *ve*, *te*, *le*, *fe*, *che*, etc., en pensant seulement aux Figures dont ces consonnes sont l'écho.

La même marche doit être observée par ceux qui voudront ne faire usage que du Livre, c'est-à-dire, que l'on commencera par les cinq premiers sons de la première Planche que l'on fera appeler du nom des Figures qui y répondent, en s'y prenant de la manière indiquée plus haut. Quand l'enfant connoîtra ces cinq premiers sons, en lui cachant les Figures qui sont à côté, on ira à la seconde ligne; de celle-ci à la troisième, et finalement à la quatrième, etc.

6°. Si l'élève, en lui présentant indistinctement toutes les Fiches des trois Planches mêlées ensemble, en nomme, sans se tromper, tous les sons ou syllabes, on lui mettra le Livre entre les mains, dans lequel on lui fera répéter les mêmes sons, en les comparant avec ceux qui sont sur les Fiches, dans le cas où il hésiteroit; et quand rien ne l'arrêtera plus, on entreprendra la table des syllabes, qui commence par *chune*, *chi*, *cha*, *chu*, etc.

7°. Pour préparer l'enfant à cette opération, on séparera avec le bout d'une Fiche ou avec une grosse épingle, la consonne de l'autre son qui y est joint; par exemple: *ch* de *une*, *v* de *emme*, etc., afin qu'il voye que l'un et l'autre sont les mêmes qu'étant divisés; et lorsqu'on sera sûr qu'il les reconnoît parfaitement tous dans le premier article de cette table, on le fera syllaber, en lui disant: *ch* ou la *mouche*, avec *une* ou la *lune*, fait *chune*; *ch* avec *i* ou le *lit*, fait *chi*, etc., pour l'amener à dire *chune*, *chi*, *cha*, *chu*, *chemme*, etc., en prolongeant un peu le son *ch*, pour en faire sentir la valeur. De ce premier article on passera successivement aux autres.

8°. Après que l'élève aura parcouru la table des syllabes un nombre de fois suffisant pour qu'il puisse la lire tantôt dans un endroit, tantôt dans un autre, on lui fera voir les doubles consonnes (1), toujours sous la dénomination de la Figure qui en exprime le son, en lui observant qu'elles sont les mêmes qu'étant simples, et de suite on ira au changement des premières lettres, et à celui des premières et secondes lettres ou sons.

Cette opération coûtera à l'enfant un peu d'application; mais on ne saurait trop l'exercer sur ces changemens, parce que de-là dépend la facilité de lire les mots divisés par syllabes qui sont à la suite; et quand on y sera parvenu, le succès pour le reste est assuré.

9°. Si les enfans, dans le cours des répétitions et de la lecture des mots coupés par syllabes, ou dans une lecture quelconque, se trompent, on aura grand soin de les rappeler toujours à la Figure, comme il a déjà été dit plus haut, en les arrêtant sur la syllabe, ou la lettre à laquelle ils donneroient un son faux, afin qu'ils se reprennent d'eux-mêmes, et on aura le plaisir de voir qu'ils y réussiront aisément, sans autre secours de la part du maître qui, par ce moyen, peut donner ses leçons, pour ainsi dire, à la muette. C'est encore un très-grand avantage de cette Méthode, confirmé par une longue expérience.

Quant aux autres objets qui peuvent faire la matière d'une leçon nouvelle, on consultera les différens avertissemens qui se trouvent dans le livre, partout où on les a crus nécessaires pour en faciliter la pratique et l'étude.

---

(1) Ces doubles consonnes sont en tête des différens articles de la table des syllabes; ainsi l'enfant y sera déjà préparé, de même que sur les consonnes en gros caractères qu'on lui fera dire avec les autres.

Observation générale.

On recommande de faire lire les enfans régulièrement une fois au moins tous les jours; de commencer chaque séance par une répétition générale de ce qu'ils auront vu précédemment, de manière qu'elle se termine par un exercice sur la leçon nouvelle à laquelle on estimera qu'ils peuvent passer. L'ordre numérique 1, 2, 3, 4, 5, 6, 7, 8, 9. établira plus sensiblement celui dans lequel cette répétition doit s'exécuter. Par exemple, 1. 1, 2. 1, 2, 3. 1, 2, 3, 4. 1, 2, 3, 4, 5. 1, 2, 3, 4, 5, 6. 1, 2, 3, 4, 5, 6, 7., etc.

On ne s'écartera pas de cette marche, jusqu'à ce que l'élève ait parcouru deux ou trois fois le conte, parce que les succès dépendent absolument de la connoissance certaine des sons.

Enfin, on jugera par l'habileté de l'enfant, de la rapidité avec laquelle il faudra qu'une leçon succède à une autre; mais on aura soin, afin d'éviter l'ennui, de ne le laisser sur la même, que le temps nécessaire pour qu'on puisse présumer que, moyennant les répétitions, il la saura parfaitement.

Cette instruction et le précis qu'on a donné de l'esprit de ce système de lecture, doivent faire juger que la connoissance des lettres ne peut qu'empêcher, ou au moins retarder les progrès, en portant les enfans à décomposer les sons ou syllabes, et que la dénomination *bé*, *cé*, *dé*, *efe*, etc. doit avoir le même inconvénient.

Ceux qui voudront faire usage de cette Méthode, ne montreront donc point l'alphabet à leurs enfans. Quand ils liront dans le français et dans le latin assez parfaitement pour être mis à l'écriture, il sera temps de donner à chaque caractère ou lettre, la dénomination ordinaire *bé*, *cé*, *dé*, etc. si l'on veut; mais il seroit beaucoup mieux de conserver celle adoptée ici, en faisant dire *be*, *ce*, *de*, *fe*, *ge*, etc.

LETTRE,

Entr'autres adressées à M. Alexandre, que plusieurs personnes, qui prennent intérêt à cette Méthode, ont désiré que cet éditeur rendît publique.

Ce 7 Juillet 1783.

Vous êtes bien le maître, Monsieur, d'insérer le nom de mon fils dans la liste des enfans qui ont appris avec un grand succès par votre méthode. Alexis a commencé un mois avant d'avoir quatre ans, et il a su lire parfaitement en cinquante-deux leçons dont vous avez passé à peu près quatre à jouer avec lui, pour l'accoutumer à vous.

Je serois enchantée, Monsieur, d'avoir une occasion plus importante que celle-ci de vous donner une preuve de ma satisfaction.

Je suis très-parfaitement, Monsieur, votre très-humble et très-obéissante servante,

Mortemart, Marquise de Rougé

I

PREMIÈRE LEÇON.

Voyez les nos. 1, 2 et 3 de l'Instruction.

EXPLICATION DES FIGURES

DE LA PREMIÈRE PLANCHE.

la lune....	une	*une pipe*....	ip	*une carafe*....	af	*un dé*........	é
un lit........	i	*une chaise*..	aise	*une cage*....	age	*une roue*......	e
un chat......	a	*le soleil*......	eil	*un verre*.....	er	*un balai*.....	ai
un bossu.....	u	*un serpent*....	en	*une glace*...	ace	*une fleur*....	eur
une femm.	emme	*un fauteuil.*	euil	*des os*........	o	*des raves*....	av.

Sons finals qui répondent aux figures de la Ire Planche.

une	i	a	u	emme
ip	aise	eil	en	euil
af	age	er	ace	o
é	e	ai	eur	av.

Première répétition des sons précédens.

i	u	ip	eil	euil
age	ace	é	ai	av
une	a	emme	aise	en
af	er	o	e	eur.

Seconde répétition.

av	eur	ai	e	é
o	ace	u	age	af
euil	en	eil	aise	ip
emme	a	er	i	une.

Troisième répétition.

é	af	ip	une	e
age	aise	i	ai	er
eil	a	eur	ace	en
u	av	o	euil	emme.

—

2

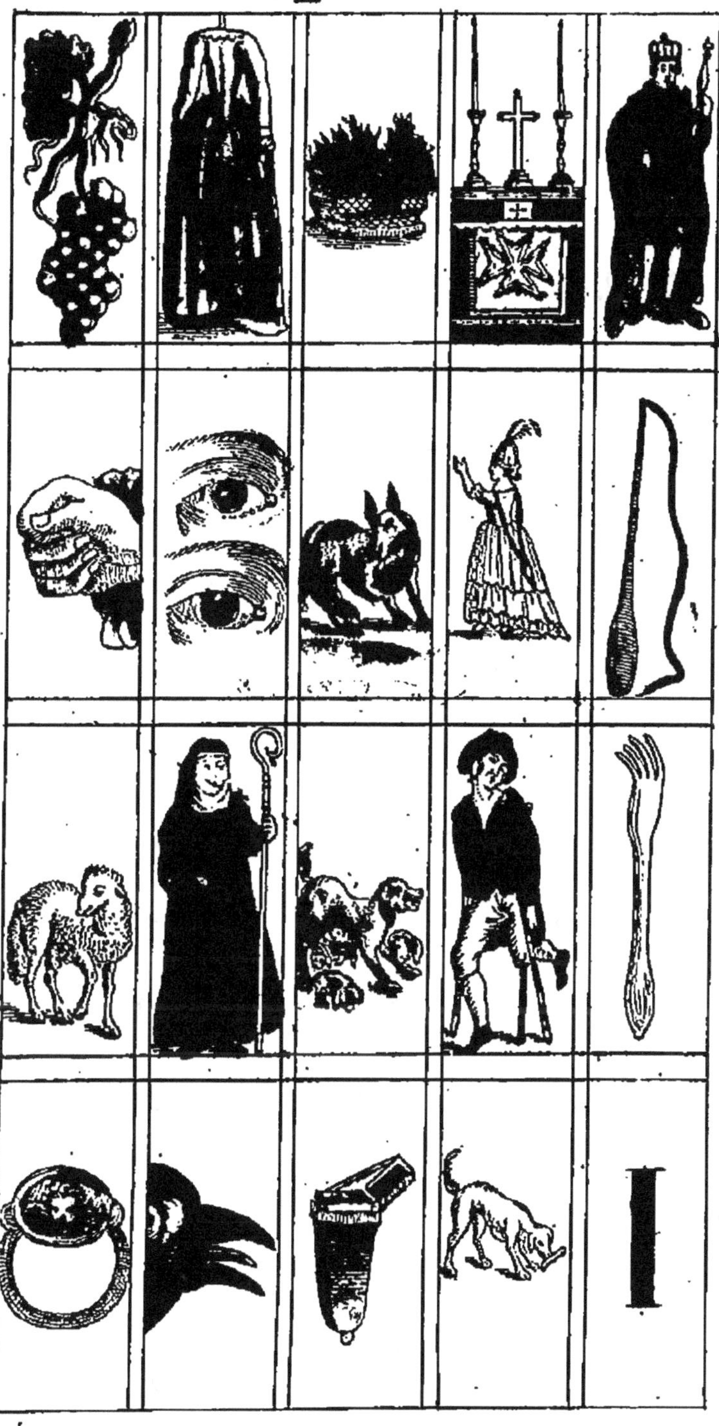

SECONDE LEÇON.

Voyez le n°. 4 et les précédens de l'Instruction.

EXPLICATION DES FIGURES

DE LA SECONDE PLANCHE.

un raisin. . . . in	*un poing.* . . oin	*un mouton.* . . . on	*une bague.* . . ag
une robe. . . . ob	*des yeux.* . . yeu	*une abbesse.* . . . es	*un bec.* . . . . ec
de la salade. . ad	*un loup.* . . . ou	*une chienne.*. enne	*un étui.* . . . . ui
un autel. . . . el	*un enfant.* . . an	*un boiteux.* . . . eu	*un chien.* . . ien
un roi. . . . . . oi	*un fouet.* . . ouet	*une fourchette.* ette	*un.* . . . . . un.

Sons finals qui répondent aux figures de la IIe Planche.

in	ob	ad	el	oi
oin	yeu	ou	an	ouet
on	es	enne	eu	ette
ag	ec	ui	ien	un.

Première répétition des sons précédens.

ag	ui	un	ec	ien
es	eu	on	enne	ette
oin	ou	ouet	yeu	an
ob	el	in	ad	oi.

Seconde répétition.

es	ui	oin	eu	un
ob	ou	on	ec	el
ouet	enne	ien	in	yeu
ette	ad	an	oi	ag.

Sons des première et seconde Planches mêlés ensemble.

Première répétition.

un in i ob a ad u el emme oi
ip oin aise en eil on yeu an e ouet
af ou age es er enne ace eu o ette
é ag euil ec ai ui eur ien av une.

Seconde répétition.

é af ip une ag on oin in es age
aise i ec e en ob ai er eil a
ui enne ou ad eur ace yeu u ien eu
an euil av o el emme un ette ouet oi.

3

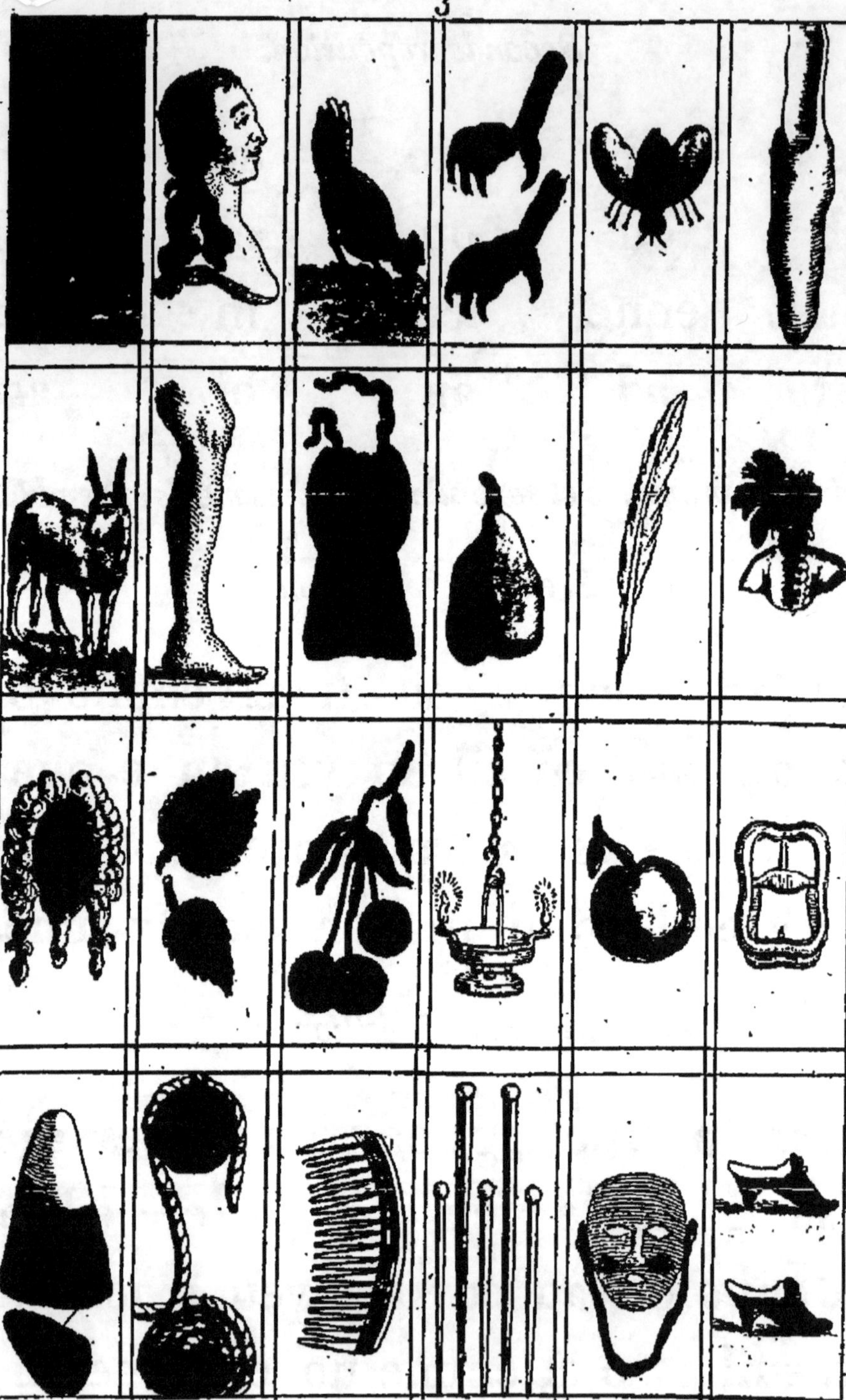

TROISIÈME LEÇON.

Voyez les nos 5 et 6 de l'Instruction.

EXPLICATION DES FIGURES

DE LA TROISIÈME PLANCHE.

une cave . . .	v	*un âne.* . . .	n	*une perruque* .	qu	*du sucre,* . .	cr
une tête.	t	*une jambe.* . .	b	*des feuilles.* .	ill	*une corde.* . .	d
une poule . . .	l	*une bourse.* . .	s	*des cerises.* . .	z	*un peigne.* .	gn
des griffes. . .	f	*une poire* . . .	r	*une lampe.* . .	p	*des épingles* .	gl
une mouche . .	ch	*une plume* . .	m	*une orange.* . .	j	*un masque.* . .	squ
une langue. .	gu	*un nègre* . . .	gr	*une boucle.* . .	cl	*des pantoufles.*	fl.

Consonnes qui répondent aux figures de la IIIe Planche.

v	t	l	f	ch	gu
n	b	s	r	m	gr
qu	ill	z	p	j	cl
cr	d	gn	gl	squ	fl.

Première répétition des Consonnes précédentes.

v	n	qu	cr	t	b
ill	d	l	s	z	gn
f	r	p	gl	ch	m
j	squ	gu	gr	cl	fl.

Seconde répétition.

gu	gr	ill	fl	ch	m
j	squ	f	r	p	gl
l	s	z	gn	t	b
cl	d	v	n	qu	cr.

Sons des trois premières Planches mêlés ensemble.

oi eu a fl age ouet ien m eil es
gn ette u er b in f cl yeu ai
oin ch un ace z ob t on emme gr
çur gl en ag el s ad e cr une
gu o ou p ec l ip qu av squ
enne r i af d euil n an j ui aise
v é ill.

QUATRIÈME LEÇON.

Voyez le n°. 7 de l'Instruction et le n°. 8 avec sa note.

TABLE DES SYLLABES,

Où se trouvent répétés tous les sons des trois premières Planches.

ch che CH

chune chi cha chu chemme chip
chaise cheil chen cheuil chaf chage cher
chace cho ché che chai cheur chav
chin chob chad chel choi choin chyeu
chou chan chouet chon chef chenne
cheu chette chag chec chui chien chun.

v w ve V

vec vav vip vad vai vo vob vune
vun venne vouet veuil vace vé vette
vi ve veu vin vag von ves van veur
ver va ven vel vaf vaise vu vien
voin vyeu vou voi vage veil vemme vui.

t tt te T

té tad tette teil tav ter tel teuil tou tin tes to te tag tune tu tip ten taf tace toi tui tan tob tenne toin tai ti temme taise tec tage ta teur tyeu touet tòn teu tun tien.

l ll le L

lag lai lun lo lenne lon lin lan lyeu leuil loi la ler laf lec leil lip lemme lad lune lien le loin leu les lob louet lou lui leur lel lace lage lav len laise lette lu li lé.

f ff fe F

fé fi fu fette faise fen fec faf fer fa foi feuil fyeu fan fin fon fenne fo fun fai fag fune fad femme fip feil fav fage face fel feur fui fou fob fouet fes feu foin fe fien.

gu gue GU

guon gua guec gué guun gues guou guel
guav guette gunne gue guenne guan
guoi guaf guip gui guai gueu guouet
gueur guage guaise guad guien guo guin
gueuil gueil guer guu guag guoin guob
guui guace guen guemme guyeu.

n nn ne N

nien neu neur nouet nage naise ni
noin nob nui nace nen nu nag no
nin neuil ner neil nad nun non nyeu
na nec nemme nai nenne naf noi nan
nip nune ne nes nou nel nav nette né.

b bb be B

bé bai bes benne bien ban bec bel
bag bad bace baise bui bip beuil beur
bette boin boi bo bun byeu ba bou
bemme bu be beu beil ben bi bune
ber bage bob baf bin bav bouet bon.

ś ss se S

san soin sob sui sace sen semme sien so sin seuil ser seil su sai seu souet seur sage saise sad senne se sag soi saf sip si sun ses sou sel sé sav sette sune son syeu sa sec.

r rr re R

remme ren race rui rob roin ron ru reil rer rin reuil ro rag rien reu rouet reur rage raise rad ri rip raf ran renne rai re res rou rel rav rette rune ré rec ra ryeu run roi.

m mm me M

men mu mad memme meil mace mui mer maise mi mip mage meuil mob moin min meur maf mette mune mé mav moi mouet mo mag meu man mel mec ma mou menne mien mes myeu mai mon mun me.

gr gre GR

grune greil grace grob gran grette gri gro gren grad grouet grag gra gré grel greuil gru gre groi gron grec gremme graf groin grai gres grui greur grip grage grav grenne gryeu grien graise grer grin grou greu grun.

qu que QU

quien quoin quai quo quob que quag queu quin quun quenne qui quouet qué quace queuil ques quan queur quer quen quou quoi quage queil quemme quyeu quel quaf quaise qua quav quip quad quec quette quui quon quune quu.

z ze Z

zec zune zyeu zav zou ze zenne zoi zip zad zage zouet zien zo zeuil zeil zon zob zace zemme zun za zé zette zel zes zai zan zaf zi zaise zeur zeu zag zin zer zu zoin zen zui.

il ille ILL

illon illo illouet illoi illav illoin illin illeur illaf illette illob illeuil illage illip illune illui iller illaise illi illace illeil illad illen illag illeu illel ille illec illu illan illemme illien illou illenne illa illes illyeu illai illun illé.

p pp pe P

pun pai pes penne pa pel peu po pé poi pette peur poin peuil pip paise pui peil pad pen pe pon pyeu pou pien pec pan pag pouet pav pune paf pin pob page pi per pace pemme pu.

j je J

jun je jai jien jag jon jes jenne jeu jo join jyeu jou jan jouet jin job ja jel joi jeur jeuil jui jec jav jaf jage jer jace jette jip jaise jeil jen jé june ji jad ju jemme.

cl cle CL

clon clé clag clenne clien clu clun clune clai clad cle cli clyeu clo cleil cles clec clette cleu claise clemme clip cla clouet clage clou clav clan claf clui cloi clin cler clob clace cleuil clel cleur cloin clen.

cr cre CR

cren crui croin cru crer crin crien craise creur creu cri craf cran cre crette crel cres cré cra cron cremme crace crob crag creil creuil cro crad crage crouet crai crip croi crenne crune crav crou crun crec cryeu.

d dd de D

du di dé deil dip dace dage dav dui deur del dob douet dou doin des deu dag dai dun demme dad dune den daise dette der daf dec deuil doi da din dan dyeu do denne don dien de.

gn gne GN

gnui gnag gnemme gnin gneil gneu gnage gne gnoi gni gnou gnette gné gnyeu gnoin gnace gnien gneuil gnu gnouet gnaise gnenne gnaf gnun gnel gnune gna gnob gnen gno gner gnai gneur gnad gnan gnip gnes gnav gnon gnec.

gl gle GL

gleu glage glec glouet glune glun glav glemme glag gleil glyeu glaf gla glace glenne glai glé glob glien gloin glel glan glaise glu gles glette glui gleuil gli gler gleur gle glen glin glip gloi glo glou glon glad.

squ sque SQU

squen sques squé squag squeu squin squette squob squeil squage squip squui squien squyeu squec squoi squeuil squoin squaf squouet squo squi squel squa squune squouu squer squan squace squun squon squeur squaise squenne squav squad sque squu squai squemme.

fl ffl fle FL

fle flob fleu flou fleur flace flav flip flad flag flun flenne flin flyeu floi fler flec flaise flu flé flien fles floin flui flouet flel flage fleil flemme flune flai flo flon flan fleuil fla flaf flen flette fli.

Répétition des Consonnes.

ch m b p ill f j n cr qu gu gl gr squ l v z s fl gn r d t cl.

Doubles Consonnes.

mm bb pp ff nn ll w ffl ss rr dd tt.

CINQUIÈME LEÇON.

Voyez le n° 8 de l'Instruction.

Changement des premières Lettres.

va ta sa ra pa na ma la ja fa da ba
chi pi vi mi ji di zi ri ni li bi ti
tu ru nu lu fu bu vu su pu mu ju du
vo no ro jo bo to po lo do so mo fo
dé lé pé té bé fé mé ré vé né jé sé.

Autre changement plus composé.

cra fla illa qua gna cla cha gla squa gra
flé qué clé illé ché cré gné gré glé squé
gli qui fli squi gri chi cli gni illi cri
gno flo cro illo quo clo cho glo gro squo
gru glu flu gnu cru quu illu squu chu
clu.

chui nui bui sui rui mui tui pui
taise paise baise daise flaise maise craise

gnou tou vou lou fou chou nou bou
men den ten ven pen jen cren clen
neil beil seil reil meil deil zeil queil
mer quer iller ser per jer crer cler
flace dace gnace tace vace lace face chace
nette bette sette rette mette quette illette
vage lage fage chage nage bage sage
chien nien bien sien rien mien tien
vec pec jec flec dec clec gnec zec
meur queur illeur zeur peur jeur teur
noi boi soi roi moi quoi toi poi choi
chan nan ban san ran man pan tan
mon pon fon non quon von flon son
dai clai glai chai bai illai jai crai
leu squeu zeu gneu reu teu greu gueu
chav mav bav pav illav fav jav nav
crel quel guel vel lel zel grel sel
ryeu dyeu flyeu jyeu gnyeu tyeu clyeu.

Changement des premières et secondes lettres.

so mi vé ra ju fa to pi bu la fé da né si mo va ru sa zi jé fo lé tu pé ba no dé sa mé vi ro ji vu mu li té fu pa bi nu do sé ma lo vo ré jo fi ta po bé lu na di je.

Autre changement plus composé.

tes vob lel fui chaise nou ber seu remme men quoin illon zeil pip jag crer clace slette daf gnage touet vai lien fenne chad noi bav sin reur mune quan illec zun pes job crel crui flaise dou grand teu reuil len foin chon neil mace quette veur lune fan tin ler face mien iller don bage fouet gneil jeu clen guer peur tou deu.

SIXIÈME LEÇON.

Voyez le n° 9 de l'Instruction.

LECTURE

De Mots coupés par Syllabes, au bas desquels sont, à chaque page, des sons qui ne seront point oubliés, non plus que ceux que l'on trouvera ailleurs placés de même.

chan son fâ ché cha leur é chec man-chette bou che bou chon chan de leur chi fon en chaî ner pé cheur chaise cho-quer chan te ra cha grin chu cho ter l'é-chan son chaî non cha ri té chien cha-que un fi chu ba zo che cha pon per-cher châ tai gne chi gnon.

---

un ip af é in oin ou ag i aise v n qu cr t b ill d l s z gn age euil ob en es ec a eil er ai f r p gl ch m j squ gu gr cl fl.

van ter na vette un pa vé a vi ron du bon vin vo lon té fa veur a vec vi naigre va ni té a vou er voi tu rer veu vage ré veil ri vage gra ver va leur vé ri té je vo le rai va peur une vi gnette déve lop per.

toi lette une to ta li té ten ter tou che ra é toi le pi tui te tien moi teur tin te ra é tu di er crou ton in ven ter men teur té moi gnage poin tu une tan te paternel té moin ti gre tu lipe ver tu é tui mou ton.

li mon de la lai ne lon gueur mou lin lan ter ne so leil sa la de la lune bou le i ta lien bien loin l'e spa gne a lou ette

---

ad on enne ui u yeu ace eur el an fl v f gn r n cl z gr s p qu eu ien emme e o av oi ette ouet une gu l d squ gl j ill cr m ch b t.

lou cher vo lage len teur rou lette bi lan li ber té loi ma li gni té lu nette li bé ra-teur lu mi gnon a li gner.

femme en fin fon deur re bu fade face fin é tou fer du foin fouet fa vo ri fi-gue feu fi dé li té l'en fer li ber ti na ge fer ti li té én fan ter ren fer mé bou fette fa ti gue ra fer veur.

ni cher bo na ce à la nage ve nin de vi-né mi nette ju non sé ré na de le ve neur nu age né ron nu di té na tu rel na vi-guer in fi ni no va teur no ti fier pa nade se nou ri ra se pa na cher n'ob ti enne.

bai gner du bien ru ban bu veur bou lo-gne bû che ron ro bin ber ner bon té

é aise ui an af i enne euil ip ec v
ill f j squ r d n qu l p gu ou
av une e ad o ag en eur el cr gl
s gr t z ch cl b gn m fl.

bel grade bi che bou ti que bû cher un ba lai un bec be dai ne re bu ter bandage ba ta iller ba guette bu tin ba dinage bai gneur ber lin.

son sou te nu sien ser mon su cré se lon ser vi teur le sien si gner so nette sa lon sage sa la ma lec du sel sai gner san gler san té sé ré ni té ser vi tu de sou per sa pin ser pette sen su a li té.

race robe do reur rouet en rage ti rade rien la bou reur ti rage roi rou ler pareil ré fu ter ri meur ra mage rui ner ri va li té ro quette ro bin pa ren té dé-na tu rer.

moi mu tin a mer mi ra cle i mage mi nu-

---

on ob ace emme oin ai yeu un in er
gu j l cl d squ s gr v ill z f u
ette es eil ein ouet age a eu oi n
fl r gn p ch t qu m gl b cr.

ter che min cla meur lé mien man chon bien ai mé mo di que mon ta gne maigreur mou che ma tin ma sque ma riage man quer a lu mette po made.

quo ti dien quan ti té mo queur qua li té quel que quoi man qué quai l'in qui étu de mo quette chi mé ri que qu'une qu'on cli quette l'é qui page quin ze quino la ma ro quin.

bou illon mou illette mou iller bou illi pa ille cha tou illai ba illage dé pou illé feu ille ba ta illon que nou illette.

peu je sou paï pipe é cha pé pa na che une page pa ver la pin l'es pace pu anteur po che poin te po li ti que po pu-

---

i age une af u ace a er ip é t v
l b n s ill z q cr gn d ien ette
an oi ec enne yeu ad un on ch f
gu m r gr p j cl fl squ gl.

lace pou mon po tage pou lette pu deur pen ser cha lou pe pen ta lon.

jon cher le jeu join tu re jeû ner jo li jouet a jou ter ma jeur j'é pou vante j'i-mi te ju pi ter la joie j'en rage jan vi er job jou teur ju ri di que ju pon ju rer bi jou en jo li ver ja bo ter.

cla meur un clo cher je bou clai cla-quer la bou cle se clou er clai ron cli-gno ter une cla vette clan des tin é clai-ré in cli ner.

cru di té cro quer du crin cri mi nel é-cran cre ver sa cré je su crai croû te cré du li té cra cher cré a tu re cri ti que

---

emme o eil ai aise e euil av en eur
b t cr gn z s m ch gl v n qu
ouet in ui eu ou el ag es oin ob
gr fl gu j squ cl p r f ill d l.

crou pe une cru che mé di o cri té l'é-
cri toi re.

dé bi teur en du rer le ven deur dou leur dai gner une dette dan seur di gni té dî-ner in di vi du el dé mon do rade dé fi-ler dé clin des po ti que dé voi ler da-van tage de gré.

fla teur sou fler pan tou fle fleuve une fleur ron fler en flé flui de flan quer je sou flai la flo te é ra fler.

gue nipe le gué ri don guette gue non gué une gueu le un gui don la guin-guette gui gnon guin dage gui gne gui-per bé gui nage lan gui ra.

gran deur gri mace gro gner une grive

---

ai eur av u ace o en euil emme a
fl m gn b f cl ch z t gr gl f e
eil é age er af ip aise une i cr gu
p l qu r squ d n j v ill.

grâce gra din gro gneur gra ba tai re se gron der un gri gnon gra vu re gre nade grou iller gra tin gri gno ter gra vi té l'in gra ti tu de dé gra der.

glace gloi re glou ton un gla neur bigler gla dia teur se glo ri fi er gla nage é glo gue a veu gler en san glan té englou ti ra.

AVERTISSEMENT.

Pour que l'Enfant ne se trouve pas arrêté dans la lecture de la pièce suivante, faute de savoir comment diviser ses mots par syllabes, comme ils le sont dans la précédente, il faut l'aider avec une fiche ou une grosse épingle, surtout dans les mots composés d'un son qu'il faut partager, comme *aviron*, qui présente le son *av*; *panache*, le son *an*; *chantera*, le son *er*, etc. que l'on dira à l'Enfant de couper, en lui en donnant l'exemple.

Quand il aura parcouru deux ou trois fois cette pièce de lecture, on l'exercera sur les sons ressemblans qui sont à la page 44, et en même temps, si l'on veut, sur la quatrième et dernière Planche, en se conduisant pour celle-ci comme pour les trois autres.

SEPTIÈME LEÇON.

PIÈCE DE LECTURE

Composée des mots précédens sans être coupés par Syllabes.

chanson vanter toilette femme nicher châtaigne baigner guenipe son race moi quotidien bouillon peu joncher clameur grimace maroquin crudité débiteur flateur soufler endurer l'ingratitude croquer clocher gloire le jeu je soupai mouillette quantité mutin robe soutenu rebuter chaînon grandeur du bien bonace enfin de la laine totalité navette fâché mouton chaleur un pavé tenter longueur fondeur à la nage bilan ruban sien doreur amer

---

une ip aise i eil a en emme euil u
v n t b l s f r ch m gu gr.

moqueur mouiller pipe le guéridon jointure je bouclai du crin vendeur pantoufle fleuve chagrin douleur criminel claquer guignon jeûner échapé bouilli glace bigler qualité miracle rouet sermon buveur venin rebufade bijou moulin touchera aviron échec manchette dénaturer du bon vin grâce étoile lanterne face deviné boulogne sucré enrage feuille image quelque paille panache joli boucle écran bataillon daigner une fleur pareil ronfler une dette crever clouer guenon jouet une page chatouillai quoi chemin tirade chaloupe selon bûcheron minette ensanglanté fin soleil pituite volonté glouton bouche faveur bouchon gueule tien salade étoufer guette junon

---

af é age e er ai ace eur o av qu
cr ill d z gn p gl j squ cl fl.

robin aveugler rien clameur manqué baillage bazoche gladiateur paver ajouter sacré n'obtienne enflé danseur grogner fluide je sucrai majeur lapin dépouillé le mien batailler laboureur signer libérateur berner sérénade du foin la lune béguinage tintera avec chiffon vinaigre enchaîner sensualité étudier une grive boule fouet veneur bonté une sonnette gradin tirage manchon gué quai l'espace j'épouvante croûte dignité flanquer un glaneur je soufflai dîner crédulité j'imite puanteur clairon grogneur quelqu'une bien aimé roi salon nuage berlin enjoliver favori italien croûton vanité pêcheur avouer saveur serviteur chaise inventer bien loin figue nuage biche

---

in oin on ag ob yeu es ec ad ou
squ n p gn ch ill cr l gr j v r.

incliner un guidon rouet sage rouler modique languira qu'on poche jupiter cracher quinze un grignon chandeleur flotte démon créature éclairé la joie gravure pointe cliquette montagne jaboter salamalec boutique quenouillette néron feu l'espagne menteur l'inquiétude voiturer choquer despotique veuvage développer églogue chantera témoignage alouette fidélité grouiller nudité bûcher du sel réfuter maigreur politique glaner j'enrage médiocrité critique dorade croupe défiler janvier belgrade populace mouche rimeur l'écritoire saigner un balai naturel quinola l'enfer engloutira loucher pointu réveil chuchoter rivage minuter guindage serpette l'échanson une tante volage

---

enne ui el an eu ien ouet oi ette un
z fl b qu m d f gl gn s cl t.

ferveur naviguer un bec pantalon sangler ramage le matin poumon chimérique érafler job cruche déclin aligner jouteur degré potage mariage ruiner santé masque guiper bedaine infini chignon lenteur paternel graver étui un fichu valeur dégrader charité témoin roulette fertilité clavette novateur gratin moiteur sérénité rivalité manquer poulette l'équipage juridique pudeur jupon allumette roquette parenté servitude dévoiler bandage notifier gravité enfanter liberté tigre vérité chien individuel percher je volai chaque tulipe loi renfermé guigne panade davantage baguette souper robin pomade panser jurer malignité sapin vignette badinage se nourrira bouffette longueur vertu grignoter chiffon vapeur lunette fatiguera se panacher baigneur chapon clignoter lumignon glanage se glorifier.

AVIS.

Les enfans apprennent pour l'ordinaire assez vite les sons ressemblans, parce que la forme de la plus grande partie est à peu de chose près la même que celle des sons radicaux ; mais il faudra une fois ou deux, cacher avec une fiche la lettre, ou le dernier jambage, ou enfin le surplus de ce qui se trouve dans le son radical.

HUITIÈME LEÇON.

Sons qui répondent aux Radicaux des deux premières Planches, et auxquels on donnera le nom de la Figure qui y a rapport.

Son radical.	*Son ressemblant.*	*Son radical.*	*Son ressemblant.*
oi.	oy	an.	ean am
é.	eh ez et	en.	em
i.	y	eil.	eille œil
o.	au eau	on.	om
ien.	yen	euil.	euille
in.	im aim ain ein	eur.	œur œurs
el.	elle	er.	erre
un.	um	ai	est oî ê è ë ay et ei ois oit oient.
es.	esse		
eu.	œu		

Répétition des mêmes Sons.

Premier Ordre.

oy eh y eau ois yen ê ain elle um oî esse ei em œil om am et euille ë œur è erre est au im ay ein oit ez oient ean et œu œurs eille aim.

Second Ordre.

em ein ei ay esse im oî au um est elle erre ain è œur ê yen ë euille œu ois aim eille œurs et eau y am oient eh om ez oy œil oit ean.

Les mêmes Sons mêlés avec leurs Radicaux.

ez oi om eh oy œil é oit i am oient y o et eau ien ois euille œu in ë ean yen œurs el è aim un ê es œur eu eille an erre ain en elle um eil est on oî au esse im euil ei eur em ein ay er ai.

AVERTISSEMENT

A consulter pour l'étude des Sons composés de la quatrième Planche, qui sont à la page 48.

Les Sons composés de la quatrième Planche, et qui sont ci-après, exigent de l'adresse de la part du maître, et de celle de l'enfant, un peu plus d'attention. Cependant il sera facile de les lui faire concevoir, en s'y prenant de la manière suivante :

En tête de chaque ligne de ces sons est celui de la Figure qui doit servir de base aux autres : il faut la décomposer, ou en prendre la moitié, pour former du son qui y est joint, une seconde Figure ; par exemple, *cune* : dans cette syllabe on trouvera, par la décomposition, des *écus* et la *lune ;* dans *coi*, des *abricots* et un *roi ;* dans *gien*, on aura un *logis* et un *chien ; gail* offrira un *gâteau* et le son des *feuilles ; gesse*, un *singe* et une *abbesse ; gom*, des *fagots* et un *mouton*, etc.

Quant aux syllabes composées de deux sons distincts, comme *cienne*, où l'on voit celui du *châssis* et de la *chienne ; exem*, où sont distinctement l'*index* et le *serpent*; il faut faire remarquer la Figure ajoutée à la première, et les prononcer d'une seule voix.

Dans les monosyllabes qui dérivent de *mes*, *doit*, il n'y a que la première Figure ou consonne à changer, le reste rendant le son final des *plumets* et du *doigt*.

On dira encore à l'enfant de ne pas compter le *te*, le *pe* dans les mots où ces Figures ne sonnent point, non plus que l'*h*, parce que la *mouche* n'est pas entière.

Nota. On trouvera, aux pages 61 et 62, différens exemples sur les lettres qui ne se font point sentir, afin d'accoutumer les enfans à ne pas les prononcer.

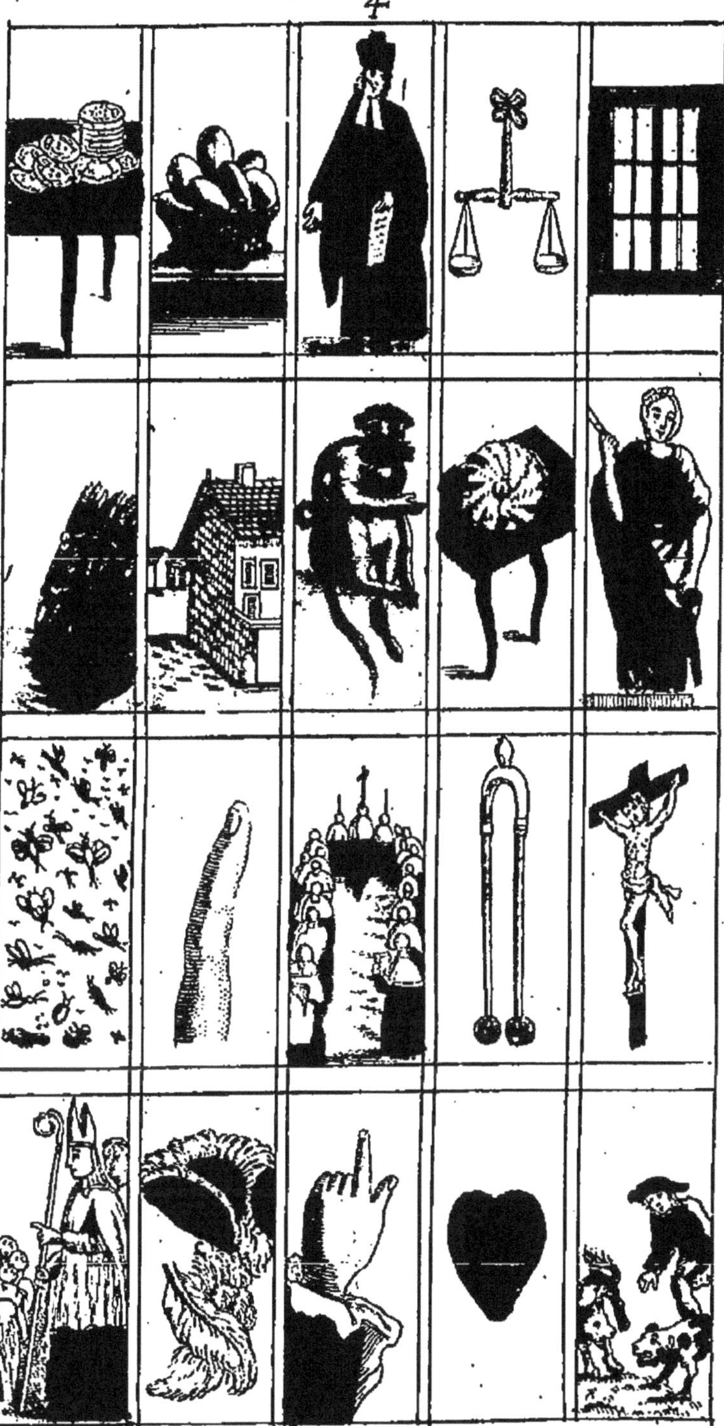

NEUVIÈME LEÇON.

Voyez les trois premiers nos. de l'Instruction.

EXPLICATION DES FIGURES

DE LA QUATRIÈME PLANCHE.

des écus...... cu	*des fagots*... go	*des insectes*... ct	*la bénédiction*. ction
des abricots. . co	*un logis*.... gi	*un doigt*... doit	*des plumets*... mes
un avocat.... ca	*un singe*..... ge	*la procession*. tion	*l'index*....... ex
une balance. . ce	*un gâteau*... ga	*des pincettes*. sept	*un cœur*.... cœur
un châssis.... ci	*une figure*.. gur	*un christ*..... st	*un homme qui excite des chiens xe xe*.. x.

Syllabes qui répondent aux Figures de la IVe Planche.

cu	co	ca	ce	ci
go	gi	ge	ga	gur
ct	doit	tion	sept	st
ction	mes	ex	cœur	x.

Répétition des Sons précédens.

ga	ci	ct	gi	st
cœur	x	sept	ce	x
tion	ca	mes	doit	ge
co	ction	gur	go	cu.

Répétition des Sons de la quatrième Planche, avec leurs composés.

Voyez l'Avertissement, page 46.

mes ses des les tes ces
cu cur cul cun cune cui cuir
ca car cal can cam cail cai
ce cen cer ceu cesse cé cette celle
ci cir cil cin cim cien cienne cieu
co cor col con com coi cou coup coût cour
go gor goi goir gon gom gou gour goût
gi gir gil gin gim gien gienne gieu git
ge gen gem gesse geur gé ger gelle
tion tien tience tiel tia tial ptial ssion
ex exem exer exa exo exhor exi exhi exil
cœur chœur cœurs chœurs
gur gure gul gule gune
doit boit soit voit croit reçoit
sept cet cette cettes
ction xion ctions xions
ga gar gal gail gan gam gai gau

Syllabes de la quatrième Planche, mêlées avec leurs composés.

ses cur cor car cen cin gor gin tience
chœur gure boit gieu xion st cour go
gar x ge gour cou ga ex ction exem
sept gau doit gur cœur tion gi exil
ci ce ca co cu mes gen coût ctions
exer cette gim soit gul cœurs tia gir
goi cir cer ger col cun des ct gail
xions exo cettes tiel voit gule chœurs
tial gon cim ceu cal con cul les
exhor gan croit gune ptial gil goir cil
cesse can cune tes goût gal exi reçoit
ssion gien gé gou cien cé cail com
cui ces gai exhi tien gienne gom coup
cienne cet cam cuir gam exa gelle
git gesse cieu celle cai coi geur gem.

DIXIÈME LEÇON.

Consonnes composées ou dérivées des simples, que l'on fera dire d'abord par détail à l'Enfant, s'il a de la peine à prononcer, et ensuite d'une seule voix.

Consonnes simples.	*Consonnes comp.*	*Consonnes simples.*	*Consonnes comp.*
f. . . .	ff ph	p-t	pt
s-f. . . .	s f sph	p-s	ps
s-m. . . .	sm	cr.	chr
s-b	sb	s-chr. . . .	schr
s-ch. . . .	sch	b-r	br
t-r. . . .	tr thr	b-l	bl
s-t-r. . . .	str	d-r	dr
s-p	sp	v-r	vr
p-r.	pr	f-r. . .	fr ffr phr
s-p-r	spr	s-ph-r . . .	sphr
p-l.	pl	qu.	k
s-p-l. . . .	spl	s. .	s C' ç sç ss.

Répétition des mêmes Consonnes.

C' k phr vr dr bl br schr ps chr pt sphr pl pr ff spl spr thr sb sm str sph ffr s ç sf sç ph fr tr ss sp sch.

Consonnes doubles mêlées avec les simples.

pr ff pl chr ps v schr t br dr bl vr l phr sp k spl f C' cr ch tr gu fr ph sphr n qu sf b ill sç ç ffr d sph s z str sm gn gl p sb r m st x thr ct squ pt spr fl s gr j cl ss scr.

RÉSUMÉ

De tous les Sons dont la Langue française est composée, et qu'il suffit que les Enfans connoissent parfaitement pour être en état de lire.

1°. Les Sons des trois premières Planches, pag. 18.

2°. Les Sons ressemblans des deux premières Planches, page 44.

3°. Les Sons de la quatrième Planche, avec leurs composés, page 48.

4°. Les Consonnes composées ou dérivées des simples, page 50.

Tout ce qui est ci-après, n'est que l'emploi, ou l'assemblage et la répétition de tous ces Sons.

OBSERVATION.

Si l'Enfant possède bien toutes les Leçons précédentes, on pourra, en même temps qu'on l'exercera sur la suivante et sur tout le reste, ainsi que sur les Sons qui commencent par une grande lettre, le faire lire dans le Conte; mais avant, il sera bon qu'il ait parcouru les différens exemples qui sont ci-après, pages 61 et 62.

ONZIÈME LEÇON.

Sons et Syllabes qu'il faut que l'Enfant dise d'une seule voix, ici et partout ailleurs, pour qu'il acquière de la rapidité en lisant. (1)

er

er ar ir or ur our oir eur air œur ur oir ar or our er ir air.

el

el al ol il ul oule oile aule eule uile arle erle orle urle elle alle ille olle ulle.

ob

ob ab eb ib ub arbe erbe orbe urbe albe elbe ulbe aube oube ambe imbe ombe ourbe.

---

(1) Les Syllabes composées d'un *e* muet et d'une consonne, par exemple, *eb*, *ep*, *ene*, *eme*, *eg*, etc. se prononceront comme si l'*e* étoit moyen ou presqu'ouvert.

age

age ege ige oge uge ange inge onge eige arge erge orge urge ouge auge.

ad

ad ed id od ud ande inde onde ende oude aide aude oide ourde arde erde orde urde.

es

es as is os us arse orse erse urse ourse esse isse asse usse osse ousse oisse aüsse uisse.

ip

ip op ep ap up arpe erpe irpe orpe urpe oupe aupe oipe alpe elpe ilpe olpe ulpe êpe.

ec

ec ac ic oc uc ec oc ic ac uc ic ec uc ac oc ec uc ic ac oc.

av

av ev iv ov uv anve inve enve arve erve orve urve alve ilve ulve êve auve euve oive ouve uive.

une

une ane ine one ene erne irne orne urne oine eune aune eine uine.

ette

ette atte itte otte utte ate ete ite ote ute ête arte erte irte orte urte eurte euté aute oite einte oute aite uite ante inte onte ente ointe.

ex

ex ax ix ox ux

emme

emme imme omme amme alme elme ilme olme ulme arme erme irme orme aime aume uime ame ime eme ome ume ême éme.

af

af ef if of uf aff off iff uff eff arf erf orf inf onf enf auf euf oif ouf uif affr effr iffr offr ouffr auffr anfr infr affl ifl afl ufl onfl oufl anfl.

ag

ag eg ig og ug aug ag ig ug eg og ig.

enne

enne anne onne inne ene one ane êne.

ace

ace ice ece oce uce arce erce orce urce ource auce ouce ance ince once ence alce elce olce ilce ulce.

aise

aise ase ese ise ose use ause euse oise ouse uise ause êse ouse euse.

eil

eil ail ouil euil eille ouille aille euille.

DOUZIÈME et dernière LEÇON.

Lettres Brèves ou Diphtongues.

a *bref.*

aon aa aé aïr aor aan aï aü aïn ao aïeul aab aad aac aïf aal aïl aül aam aas.

é *bref.*

éesse éa éon éal éor éan éage éé éir éance éer éo éel éu éi éhen éhé.

i *bref.*

ieu ieuse io ié ia ion ial iez iace ius iad ier ias ief ieu iar iol iet ior iai iois iette ienne ian iance iage ioit iap ience ieille ioient iel iasse ielle iesse iere ionne ianne iaise iau iou.

y *bref.*

yé ya yal yon yer yasse yeur yar yau yai yenne yan yage yoit yez yeul yeuse yoient yol yance.

o *bref.*

oel oab oad oas oeg oïl oar oé oa oï oü oon oan oail ouyen oet oyenne oë oal oail oag ooz oelle ohor.

u *bref.*

uin uir ué uer uon uan uai uel ua uet uage ueu uoit uelle ueuse uasse uoient uence ueur uete uil uif uiv uez uau uad uar.

ou *bref.*

oui ouir ouan ouange ouer ouez ouon oueur ouai ouin ouelle ouasse ouette oua oué ouoit ouesse oueu ouab ouoient oueuse ouage ouane ouar ouaille ouhai.

SYLLABES

Formées des Consonnes composées et des Sons ou radicaux ou ressemblans, afin d'accoutumer les Enfans à lire les mots les plus difficiles.

guez ctum xaille brê dres ffrois quoir jai deu phloi blouil flim steuil schem

---

oient am i oit é œil oy eh om oi ez vr bl dr t br schr v ps chr pl fl pr ll ë in œu euille ois ien eau et o y ph fr gu tr ch cr C' f spl k sp phr l.

scroî veur chyen rouille sy quau ptest troient glelle chram trœu fray ctrail illau clon gnè glaim ffloy clesse scheur sbien grei phou tin phrair prë sim croit zour fen blez pleuille çê splein sphoi nai lyen beau Ky C'œil ptau sai stoi squelle psain vrei strin moî peil floit thrim plan blom spois smel.

teille phun grest selle presse phroient fez chrem zoit çum flaille nê sphes splois Koir bai plez leu soi ptouil C'im psoî squem stœur myen strouille vry thrau floient pelle clam fflest clœu schay sbail xau cton què ffraim droy bresse dien jeur quei flou blin.

---

eu œur es ê un aim è el œurs yen str z s sph d ffr ç sç ill b sf n ffl on est eil um elle en ain erre an eille pt squ ct thr x st m r sb p gl gn sm tt.

scrai schim stoit rour chë vez treuil quê sein ptoi chrai glyen ctreau fry trœil clai gnau illoy blelle plein sprei smin spoî illoit gleil vim phlan brom glois trel sau steille quun guest schelle pesse lez stoient flem phroit plum vrez chry choi splê zes grois smoir clai chreu.

blim drouil fflem freuil quoî schœur sby jyen ctouille flau squoient belle plam prest blœu stray ptail sphau cron phê spraim gnoy ptesse reur flien ffrei clou ctrin trair scre dim xoit throur psen kez çeuille mê soi nein sai tyen feau spy illoit klon phlair frelle kain tei guœil jau scrai phroy plelle.

---

ai er ay ein em eur ei euil im esse au oî mm scr ss cl j gr s rr fl spr bb phr sç an ien ay ois erre ai en ail ain er tr sp ç ct squ k ffr spl w ffl dd pt nn.

brin bloî reil zoit sphim san quois schom trel flau beille psun phlest xes chelle ptesse soient mem splez stoit quum ctrez laille squê ptois throir vai chreu gnoi fouil strim seuil frem cloî stœur flyen glouille phy pay sbail illau vrelle blam trest flœu smon glè schaim groy nesse drien plei.

creur flou ctiri dair prë fim spoit çen ffrour gucœil ctrez chri flay clau spez sproient clê pteuille plein stroi scheau sai flyen psy ctrœil fflau mai bloy gnelle smain threi sbin cloî treil poit glim fran squom kois illel sprau Chreille run vrest prelle nesse troient quez scram.

---

an ien ay ois erre ai en aille ain er
qu sb dr bl r sf m b vr st l ill x
ouille o et eur eu em eille eau ein cl
gu j sm v fr gn t gl schr nn ph br.

EXEMPLES

Des mots composés de la lettre h, *qu'on cachera d'abord avec une fiche, en disant à l'Enfant qu'elle ne se compte point.*

On lui dira la même chose pour toutes les autres lettres qui ne se prononcent pas dans ces différens exemples, et ailleurs, en leur conservant le nom de la Figure.

heureux habit hommage homicide herbe histoire humide habitude hérisson herbage heureusement hiver historien homme horloge humble hospitalité horreur humain humblement huileux humeur hypocrite honorablement.

EXEMPLES

Sur la lettre s *finale, qui ne se prononce que dans les monosyllabes* mes, ces, des, les, tes, ses.

branches cordages basses blondes bourses carmes fautes grâces meules pommes portes routes grandes poules hommes princes courses goutes rides larmes larges cartes sommes places danses mes palmes modes ses glandes flames des vêpres les verbes offices merles tes novices visites ces huîtres.

EXEMPLES

Des terminaisons des Verbes en ent, *qui ne se prononcent que comme s'il n'y avoit qu'un* e *muet.*

craignent mouillent riment montent manquent étouffent ouvrent rompent aiment retournent aspirent trouvent mouchent admirent étranglent déclinent touchent montrent tremblent souflent mangent brûlent lisent entrent écrivent.

EXEMPLES

Des mots où il y a certaines figures, comme er, in, en, un, ss, st, *qu'il faut dire à l'Elève de couper.*

tomberoit feroit accorderons animosité sera venoient continuité serons cabinet promenés terminer féminin serez capitaine chargera veste humanité bonifier casseriez trouvera origine commune procession amener criminelle latinité rangera travaillé inopiné inhabile venoit univers seriez avenir prenez fera parvenu universel devinions ferai inclination vestes empressement estimer.

CATALOGUE

Des noms des Figures employées dans cet ouvrage, qu'il sera bon de faire lire plusieurs fois aux Enfans.

La lune un lit un chat un bossu une femme une pipe une chaise le soleil un serpent un fauteuil une caraffe une cage un verre une glace des os un dé une roue un balai une fleur des raves. Un raisin une robe de la salade un autel un roi un poing des yeux un loup un enfant un fouet un mouton une abesse une chienne un boiteux une fourchette une bague un bec un étui un chien un. Une cave une tête une poule des griffes une mouche une langue un âne une jambe une bourse une poire une plume un nègre une perruque des feuilles des cerises une lampe une orange une boucle du sucre une corde un peigne des épingles un masque des pantoufles. Des écus des abricots un avocat une balance un châssis un christ des fagots un logis une procession un singe un cœur des insectes une figure un doigt des pincettes la bénédiction des plumets l'index un gâteau un homme qui excite des chiens.

OBSERVATIONS.

Le caractère italique diffère très-peu du romain. Lorsqu'on en aura fait connoître à l'Enfant les sons ci-après, en l'aidant la première fois à les nommer, il suffira, pour lui en donner l'habitude, de lui faire lire les titres en lettres italiques qui sont dans le livre.

CARACTÈRES ITALIQUES.

Voyelles, sons simples et composés mêlés ensemble.

a eille un est esse er em oit el om an im

age eil oi in ain elle oy au œil y eau yen

ein euille ez en et our eh ë air ou ei o eur ien aim è on ail ay œu erre am oient ouille i œur euil ouil oi eu ai oir u ois es ê aille ex um é et.

Consonnes simples.

m j C f r p d l s z t b v n ç k x.

Consonnes composées et mêlées avec les simples.

sp ill v phl br sch p st l phr ffl ffr qu sch j ct sb fl squ b pl pr spr gn r thr ps k ç gl s tr gu vr C' z gr cl Chr ch dr bl str pt cr ph ctr scr d x m s n f t spl.

TABLE

Des sons radicaux et ressemblans de la première et seconde Planches.

Première Planche.

une. . .	Une	ip	Ip	e	E
i	I	aise. . .	Aise	age. .	Age
il.	Il	eil. . . .	Eil	er. . . .	Er
a	A	œil. . .	OEil	ace. .	Ace
u	U	euil . .	Euil	o. . . .	O
emme.	Emme	ouil . .	Ouil	au . . .	Au
é.	É	ail. . . .	Ail	eau. .	Eau
ch.	Eh	en. . . .	En	ai. . . .	Ai
eur . . .	Eur	em. . .	Em	ay . . .	Ay
œur. .	OEur	av. . . .	Av	est. . .	Est
af.	Af	y.	Y	et . . .	Et.

Répétition de ces sons.

OEur Une Et Ip Eau Af I Aise Est Age

A Eil Er U Au En Ace Ail Emme Y Euil

Eh O Il É Ai E Av Eur OEil Em Ay Ouil

Seconde Planche.

on. . . . On	oin. . . Oin	ec . . . . Ec
om . . . Om	yeu. . . Yeu	enne . Enne
ad. . . . Ad	ou . . . . Ou	eu. . . . Eu
ob. . . . Ob	an . . . . An	œu . . OEu
el. . . . El	am. . . Am	ette. . Ette
elle . . Elle	ean. . . Ean	ui. . . . Ui
oi. . . . Oi	ouet. . Ouet	in. . . . In
oy. . . . Oy	es . . . . Es	im . . . Im
ag. . . . Ag	esse . . Esse	aim. . Aim
ien. . . . Ien	un. . . . Un	ain. . . Ain
yen . . . Yen	um . . . Um	ein. . Ein.

Répétition de ces sons.

In Oin Am On Yeu Im Es Ob Um Ad
Ou Enne Aim El An Eu Oi Ain Ouet
Ette Ag Ec Ui Ien Ein Un Yen Om
Esse OEu Elle Oy Ean.

Les mêmes sons de ces deux Planches mêlés.

Oy OEu Et Elle Ay Om Eau Yen OEur
Un Em Ein Af Ien Eh Ui Age Ec Y

Ag Esse Ace Ette Ail Euet Er Ain Ai Oi Ip Eu Aise An Eil El En Aim Euil Enne Il E Ou Av Ad Une Um I Ob A Es Est Im U Yeu Emme On É Am Au Oin Eur In OEil Ean Ouil O.

TABLE

Des consonnes composées.

ch. . . .	Ch	gr. . . .	Gr	qu. . . .	Qu
sch . . .	Sch	cl. . . .	Cl	squ . .	Squ
gu. . . .	Gu	gn. . . .	Gn	fl	Fl
gl.	Gl	ct. . . .	Ct	cr. . . .	Cr
ph	Ph	sm. . .	Sm	chr . .	Chr
sph. . .	Sph	tr.	Tr	schr. .	Schr
phl. . .	Phl	thr. . .	Thr	br. . . .	Br
sphl . .	Sphl	sp	Sp	bl. . . .	Bl
phr. . .	Phr	str. . .	Str	dr. . . .	Dr
sphr . .	Sphr	fr	Fr	vr. . . .	Vr
pr. . . .	Pr	pl	Pl	pt. . . .	Pt
spr. . . .	Spr	spl. . . .	Spl	ps. . . .	Ps.

Répétition des mêmes Consonnes.

Spl Ps Spr Ch Pl Pr Sch Pt Gu Cl
Gr Qu Sphl Vr Gl Cr Bl Sph Fr
Dr Ct Gn Ph Str Br Squ Fl Chr
Tr Sp Phl Schr Phr Sm Thr Sphr.

TABLE

Des sons de la quatrième Planche.

cu.	Cu	ga.	Ga
co.	Co	gur.	Gur
ca.	Ca	doit . . .	Doit
ce.	Ce	tion . . .	Tion
ci.	Ci	sept . . .	Sept
go.	Go	mes . . .	Mes
gi.	Gi	ex.	Ex
ge.	Ge	cœur. .	Cœur.

Répétition de ces sons avec leurs composés, pour la connoissance desquels on emploiera le moyen indiqué, page 46, pour les mêmes sons.

Gi Car Ce Cor Ge Ses Chœur Cur Goût
Gin Gor Mes Cu Cin Cen Co Cœur Ca

Gar Ci Cai Cou Go Doit Exem Ga Ex
Celle Gen Cet Exer Des Cun Col Exa
Cir Cer Goi Gé Cette Exo Ger Gan Cé
Les Ceu Con Cim Gem Gon Tes Can
Exi Gou Cour Com Gom Ces Gai Exhi
Gour Cam Exil Coi Gam Gau Cieu Cé.

SONS ET SYLLABES

En lettres majuscules des deux premières Planches, avec la plus grande partie des sons ressemblans, et quelques-uns composés du son radical.

a.	A	eur. . . .	EUR
u.	U	une. . . .	UNE
emme .	EMME	eil	EIL
af.	AF	ip.	IP
é.	É	er.	ER
eh	EH	age	AGE
ez	EZ	ai.	AI
av	AV	ay	AY
euil. . . .	EUIL	oî	OI

e.	E	ê.	Ê
aise.	AISE	ë.	Ë
o.	O	ei.	EI
au	AU	et.	ET
i.	I	est.	EST
y.	Y	ois.	OIS
ace	ACE	oit	OIT
ec.	EC.	oient. . .	OIENT.

Répétition de ces sons.

UNE AI AGE EC A ACE OIENT ER IP I AY AU EIL EUR O Ë OIS AISE OÎ E Ê EUIL U Y AV EST EZ EI AF É OIT EMME EH ET.

Seconde Planche.

un.	UN	in	IN
um.	UM	im.	IM
ob	OB	ad	AD
oi	OI	el	EL
oy	OY	ouet . . .	OUET

es	ES	en.	EN
ui. . . .	UI	em	EM
oin. . . .	OIN	yeu. . . .	YEU
on. . . .	ON	ou.	OU
om. . . .	OM	an.	AN
enne . .	ENNE	am.	AM
eu. . . .	EU	ette. . . .	ETTE
ien. . . .	IEN	ag.	AG.

Répétition de ces sons.

AM UN OG EU IN ENNE AN OB AD EG UM OÏ EN EL OM ETTE OU ES IG OY IM OUET ON UG IEN ME UI AG OIN YEU.

Les mémes sons de ces deux Planches mêlés.

AI OU E AU UNE IC EU IEN ENNE UI AY EUIL AGE É AG OC AM OÎ AV IG AN EUR YEU EC A OM EH U OIENT EG ON EZ EIL AC ETTE

EM Ê ACE EN I ER OIT ES OUET IP AF Ë OY UC OIN ET OI EMME EL UM O AD UG IN OB Y OIS IM OG EST UN AISE EI.

AUTRES SONS RESSEMBLANS,

Composés des précédens, dans lesquels il n'y a qu'une lettre à retrancher ou à ajouter à chacun pour qu'ils soient les mêmes aux yeux, n'étant point différens à l'oreille.

AN. . . .	EAN	ER. . . .	ERRE
IN. . . .	EIN	EL. . . .	ELLE
IN. . . .	AIN	ES. . . .	ESSE
IM. . . .	AIM	EUR. . .	OEUR
ON . . .	EON	EIL. . .	OEIL
UN . . .	EUN	EIL. . .	EILLE
AU . . .	EAU	AIL. . .	AILLE
EU . . .	OEU	OUIL .	OUILLE
IEN. . .	YEN	EUIL. .	EUILLE.

Répétition des sons ressemblans.

Premier Ordre.

EIN AILLE OEU EUN ELLE YEN ERRE OEIL AIN OUILLE EAN ESSE EILLE EAU EON EUILLE AIM OEUR.

Second Ordre.

AILLE EUN YEN OEIL OUILLE AIM EAU EON OEUR EIN OEU ELLE ERRE ESSE EILLE EUILLE AIN EAN.

Les mêmes sons composés mêlés avec leurs racines.

EIN EUIL EAN ET AILLE OIN ŒU AI ESSE OU AIM IM ELLE EN OI EILLE AU AIL UM YEN ER IN EUN OM EAU EU AN EIL ERRE IEN ŒIL EM OUIL AIN EUR UN AM EUILLE ES ENNE ON EL ŒUR EON OUILLE.

CONSONNES SIMPLES

De la troisième planche.

v.	V	s.	S
t.	T	c'	C'
l. . , . . .	L	r.	R
f.	F	m.	M
n.	N	z.	Z
b.	B	p.	p
d	D	x.	X
j.	J	k.	K.

Répétition de ces sons.

Premier Ordre.

T S V R Ç' L K M F X B J N Z D P.

Second Ordre.

D S T P V Z R N C' J L B K X M F.

DOUBLES CONSONNES,

Dont la prononciation ne rend point, ou très-peu, à l'oreille le son des lettres qui les composent.

TABLE.

ch.	CH	ct	CT
qu.	QU	cr	CR
ill.	ILL	chr.	CHR
gr.	GR	gn	GN
gl	GL	thr.	THR
cl	CL	ph..	PH
gu.	GU	phr . . .	PHR.

Répétition de ces doubles consonnes.

Premier Ordre.

CHR GN GL GU PH ILL CH THR CR CT CL GR QU PHR.

Second Ordre.

CH PHR ILL PH GR CL GU CT GL GN THR CHR QU CR.

DOUBLES CONSONNES,

Dont la prononciation rend à l'oreille le son des lettres qui les composent.

Premier Ordre.

BR FL ST FR PT BR PL TR BL
VR DR SM PS SB SP.

Second Ordre.

FL FR BR TR VR PR ST DR PT
PL BL SB SP PS SM.

Toutes les Consonnes doubles et simples mêlées ensemble.

GU BR QU PHL ST V S GL TR
ILL SP GR PHR Z FL SPL L C'
VR P PL SCH CT DR J BL CH
FR CL FFL PH N PR B CHR SPH
PT SQU BL X CR SB FFR D SCR
STR F GN SPR T SM R CTR K PS
M THR SPHR.

SONS OU SYLLABES

De la quatrième Planche.

mes. . . .	MES	tion. . . .	TION
ci.	CI	ce.	CE
ge	GE	gur. . . .	GUR
ca	CA	cœur. . .	COEUR
co	CO	gi.	GI
sept. . . .	SEPT	ex.	EX
cu.	CU	ga.	GA
go.	GO	doit. . . .	DOIT

Répétition de ces sons.

Premier Ordre.

MES GE SEPT GO CE COEUR EX GA CI CA CO CU TION GUR GI DOIT.

Second Ordre.

CI MES CA GE CO CU SEPT GO TION GUR CE GI DOIT EX GA COEUR.

Répétition des mêmes Syllabes mêlées avec leurs composés.

Voyez l'Avis de la page 46.

GE CHOEUR TIENCE GIN CIN CEN SES CU CO MES CA GI CE TION COEUR CI CAI GO AX XION TIEL GIM BOIT GAU CELLE DOIT GUR SEPT EXEM EX GA TIA GEN GUL SOIT CET EXER IX GAIL OX DES CUN GIEU GOI TIAL GÉ VOIT EXIL GESSE CROIT EXO EXHOR GAN LES CEU CON GIM GEUR GON GEM UX TES GUNE CUNE COU CAN CESSE CAIL EXI CIEN CÉ REÇOIT GOU GIEN CIENNE COM GOM CUI GIENNE CES TIEN GAI EXHI GELLE CETTE CAM EXA GAM CUIR COI CIEU.

AVERTISSEMENT.

La première fois que les Enfans liront le Conte suivant, non-seulement on n'exigera pas d'eux qu'ils lient les mots, parce qu'on trouvera, à la fin de cette pièce de lecture, une Table pour les liaisons, mais on les conduira toujours, comme ci-devant, avec la pointe d'une grosse épingle, de syllabes en syllabes, en pratiquant ce qui est indiqué pour les différens exemples qui sont aux pages 61 et 62.

Durant la première lecture du Conte, on comprendra dans la répétition qui est recommandée page 11, l'exercice sur les Sons en gros caractères, afin qu'à la seconde fois on puisse faire lire exactement aux Enfans une ou deux des Fables abrégées qui sont au bas de chaque page.

La seconde ou troisième fois qu'ils recommenceront le Conte, on les rectifiera sur les sons *er*, *ai*, qui étant finals, comme dans *aimer*, *j'écrirai*, doivent être adoucis, et avoir celui de l'*é* fermé, ou du *dé*.

On les accoutumera aussi à former les liaisons, et peu à peu lire sans le secours d'un guide, en les arrêtant seulement sur la syllabe sur laquelle ils se tromperoient.

Voyez le n°. 9 *de l'Instruction*, *pag*. 10.

On conçoit, sans doute, qu'il sera indispensable d'aider les Enfans dans la lecture de certains mots, surtout de ceux tirés du Grec et de l'Hébreu ; où les mêmes figures ou lettres, telles que *ch*, *gu*, *qu*, *gn*, *en*, *un*, etc. ont un son différent. Ils appendront ces exceptions et d'autres, comme tout le monde, par l'usage.

LE PRINCE CHÉRI.

CONTE.

Il y avoit, du temps des Fées, un Roi qui étoit si honnête homme, que ses sujets l'appeloient le Roi bon. Un jour qu'il étoit à la chasse, un petit lapin blanc que les chiens alloient tuer, se jeta dans ses bras. Le Roi caressa ce petit lapin, et dit : Puisqu'il s'est mis sous ma protection, je ne veux pas qu'on lui fasse du mal. Il porta ce petit lapin dans son Palais, et il lui fit donner une jolie petite maison, et de bonnes herbes à manger. La nuit, quand il fut seul dans sa chambre, il vit paroître une belle Dame ; elle n'avoit point d'habits d'or et d'argent, mais sa robe étoit blanche comme la neige, et au lieu de coiffure, elle avoit une couronne de roses blanches sur la tête. Le bon Roi fut

---

FABLES.

Le Coq et le Diamant.

Un Coq rencontre un Diamant sur un fumier. Rien n'est si beau, dit-il ; mais je ne sais qu'en faire. Quoi ! trouver dans la boue un ornement si précieux ! Ainsi gît la vertu, quand le sort lui est contraire.

bien étonné de voir cette Dame; car sa porte étoit fermée, et il ne savoit pas comment elle étoit entrée. Elle lui dit : Je suis la Fée Candide; je passois dans le bois pendant que vous chassiez, et j'ai voulu savoir si vous étiez bon comme tout le monde le dit. Pour cela, j'ai pris la figure d'un petit lapin, et je me suis sauvée dans vos bras; car je sais que ceux qui ont de la pitié pour les bêtes, en ont encore plus pour les hommes; et si vous m'aviez refusé votre secours, j'aurois cru que vous étiez méchant. Je viens vous remercier du bien que vous m'avez fait, et vous assurer que je serai toujours de vos amies. Vous n'avez qu'à me demander tout ce que vous voudrez, je vous promets de vous l'accorder.

Madame, dit le bon Roi, puisque vous êtes une Fée, vous devez savoir tout ce que je souhaite. Je n'ai qu'un fils que j'aime beaucoup, et pour cela, on l'a nommé le Prince Chéri. Si vous avez quelque bonté pour moi, devenez la bonne amie de mon fils. De bon cœur, lui dit la Fée : je puis rendre votre fils le plus beau Prince du monde, ou le plus riche, ou le plus puissant, choisissez ce que

---

La Fourmi et la Cigale.

Fourmi, dit la Cigale affamée, hélas! un peu de graine! Je n'ai rien, et l'hiver est si long à passer. Qu'as-tu donc fait l'été? lui demande la Fourmi. J'ai chanté dans la plaine. Eh bien! va maintenant y danser.

vous voudrez pour lui. Je ne désire rien de tout cela pour mon fils, répondit le bon Roi ; mais je vous serai bien obligé, si vous voulez le rendre le meilleur de tous les Princes. Que lui serviroit-il d'être beau, riche, d'avoir tous les Royaumes du monde, s'il étoit méchant ? Vous savez bien qu'il seroit malheureux, et qu'il n'y a que la vertu qui puisse le rendre content. Vous avez bien raison, lui dit Candide ; mais il n'est pas en mon pouvoir de rendre le Prince Chéri honnête homme malgré lui : il faut qu'il travaille lui-même à devenir vertueux. Tout ce que je puis vous promettre, c'est de lui donner de bon conseils, de le reprendre de ses fautes et de le punir, s'il ne veut pas se corriger et se punir lui-même.

Le bon Roi fut fort content de cette promesse ; il mourut peu de temps après. Le Prince Chéri pleura beaucoup son père, car il l'aimoit de tout son cœur, et il auroit donné tous ses Royaumes, son or et son argent pour le sauver, si ces choses étoient capables de changer l'ordre du destin. Deux jours après la mort du bon Roi, Chéri étant couché, Candide lui apparut. J'ai promis à votre père,

---

La Grenouille et le Bœuf.

Une Grenouille voyant un jour un Boeuf près d'elle, s'efforçoit, en s'enflant, de l'égaler en grosseur. Elle y creva, la pauvre bête, et devint le modèle de la sotte vanité d'aujourd'hui.

lui dit-elle, d'être de vos amies, et pour tenir ma parole, je viens vous faire un présent. En même temps elle mit au doigt de Chéri une petite bague d'or, et lui dit : Gardez bien cette bague ; elle est plus précieuse que les diamans : toutes les fois que vous ferez une mauvaise action, elle vous piquera le doigt ; mais si, malgré sa piqûre, vous continuez cette mauvaise action, vous perdrez mon amitié, et je deviendrai votre ennemie. En finissant ces paroles, Candide disparut, et laissa Chéri fort étonné. Il fut quelque temps si sage, que la bague ne le piquoit point du tout ; et cela le rendoit si content, qu'on ajouta au nom de Chéri qu'il portoit, celui d'Heureux.

Quelque temps après, il fut à la chasse, et il ne prit rien : ce qui le mit de mauvaise humeur. Il lui sembla alors que sa bague lui pressoit un peu le doigt ; mais comme elle ne le piquoit pas, il n'y fit pas beaucoup d'attention. En rentrant dans sa chambre, sa petite chienne Bibi vint à lui en sautant pour le caresser. Il lui dit : Retire-toi ; je ne suis plus d'humeur de recevoir tes caresses. La pauvre petite chienne qui ne l'entendoit pas, le tiroit par

---

L'Écrevisse.

MARCHEZ DROIT, DISOIT L'ÉCREVISSE MÈRE A SA FILLE : ALLER A RECULONS ! FI ! CELA N'EST PAS BEAU. MA MÈRE, JE SEROIS FACHÉE DE VOUS CONTREDIRE EN RIEN ; JE VOUS SUIVRAI, MAIS MARCHEZ, S'IL VOUS PLAIT, LA PREMIÈRE.

son habit pour l'obliger à la regarder au moins. Cela impatienta Chéri qui lui donna un grand coup de pied. Dans le moment la bague le piqua, comme si c'eût été une épingle. Il fut bien étonné, et s'assit tout honteux dans un coin de la chambre. Il disoit en lui-même : Je crois que la Fée se moque de moi ; quel grand mal ai-je fait en donnant un coup de pied à un animal qui m'importune ? à quoi me sert d'être maître d'un grand Empire, puisque je n'ai pas la liberté de battre mon chien ?

Je ne me moque pas de vous, dit une voix qui répondoit à la pensée de Chéri. Vous avez fait trois fautes, au lieu d'une : vous avez été de mauvaise humeur, parce que vous n'aimez pas à être contredit, et que vous croyez que les bêtes et les hommes sont faits pour obéir ; vous vous êtes mis en colère, ce qui est fort mal ; et puis, vous avez été cruel à un pauvre animal qui ne méritoit pas d'être maltraité. Je sais que vous êtes beaucoup au-dessus d'un chien ; mais si c'étoit une chose raisonnable et permise, que les grands pussent maltraiter tout ce qui est au-dessous d'eux, je pourrois à ce moment vous battre, vous tuer, puisqu'une Fée est plus

---

Le Lion et le Rat.

Un jour un Lion prit un Rat qu'il laissa vivre. Lui-même, quelque temps après, fut pris dans un filet. Le Rat cherche les noeuds, les ronge et délivre le Lion. Tout sert ; ne dis pas : Ce n'est rien.

qu'un homme. L'avantage d'être maître d'un grand Empire ne consiste pas à pouvoir faire le mal qu'on veut, mais tout le bien qu'on peut. Chéri avoua sa faute, et promit de se corriger; mais il ne tint pas sa parole. Il avoit été élevé par une sotte nourrice qui l'avoit gâté, quand il étoit petit. S'il vouloit avoir une chose, il n'avoit qu'à pleurer, se dépiter frapper du pied; cette femme lui donnoit tout ce qu'il demandoit; et cela l'avoit rendu opiniâtre. Elle lui disoit aussi, depuis le matin jusqu'au soir, qu'il seroit Roi un jour, et que les Rois étoient fort heureux, parce que tous les hommes devoient leur obéir, les respecter, et qu'on ne pouvoit pas les empêcher de faire ce qu'ils vouloient.

Chéri, devenu grand garçon et raisonnable, avoit bien connu qu'il n'y avoit rien de si vilain que d'être fier, orgueilleux, opiniâtre. Il avoit fait quelques efforts pour se corriger; mais il avoit pris la mauvaise habitude de tous ces défauts, et une mauvaise habitude est bien difficile à détruire. Ce n'est pas qu'il eût naturellement le cœur méchant. Il pleuroit de dépit, quand il avoit fait une faute, et il disoit: Je suis bien malheureux d'avoir à combattre

---

La Lice et sa Compagne.

Je t'ai prêté ma place pour faire tes petits, dit une Lice a l'autre : ils sont nés, ils sont grands : sors. Non, dit celle-ci : il faut que la force me chasse. Gardons-nous de donner aucun accès aux méchans.

tous les jours contre ma colère et mon orgueil : si on m'avoit corrigé quand j'étois jeune, je n'aurois pas tant de peine aujourd'hui. Sa bague le piquoit bien souvent. Quelquefois il s'arrêtoit tout court ; d'autres fois il continuoit ; et ce qu'il y avoit de singulier, c'est qu'elle ne le piquoit qu'un peu pour une légère faute ; mais quand il étoit méchant, le sang sortoit de son doigt. A la fin cela l'impatienta, et voulant être mauvais tout à son aise, il jeta sa bague. Il se crut le plus heureux de tous les hommes, quand il se fut débarrassé de ses piqûres. Il s'abandonna à toutes les sottises qui lui venoient dans l'esprit, en sorte qu'il devint très-méchant, et que personne ne pouvoit plus le souffrir.

Un jour que Chéri étoit à la promenade, il vit une fille qui étoit si belle, qu'il résolut de l'épouser. Elle se nommoit Zélie, et elle étoit aussi sage que belle. Chéri crut que Zélie se croiroit fort heureuse de devenir une grande Reine ; mais cette fille lui dit avec beaucoup de liberté : Sire, je ne suis qu'une bergère, je n'ai point de fortune ; mais, malgré cela, je ne vous épouserai jamais. Est-ce que je vous déplais ? lui demanda Chéri, un peu

---

La Puce et la Sangsue.

La Puce se plaignoit et disoit a la Sangsue : Tu te gorges de sang, tu le bois a longs traits. Moi, pour moins d'une goutte, on m'écrase, on me tue. Mort aux petits voleurs : aux grands, honneur et paix.

ému. Non, mon Prince, lui répondit Zélie. Je vous trouve tel que vous êtes, c'est-à-dire, fort beau; mais que me serviroient votre beauté, vos richesses, les beaux habits, les carrosses magnifiques que vous me donneriez, si les mauvaises actions que je vous verrois faire chaque jour, me forçoient à vous mépriser et à vous haïr? Chéri se mit fort en colère contre Zélie, et commanda à ses officiers de la conduire de force dans son Palais. Il fut occupé toute la journée du mépris que cette fille lui avoit montré; mais comme il l'aimoit, il ne pouvoit se résoudre à la maltraiter.

Parmi les favoris de Chéri, il y avoit son frère de lait auquel il avoit donné toute sa confiance. Cet homme qui avoit les inclinations aussi basses que sa naissance, flattoit les passions de son maître, et lui donnoit de très-mauvais conseils. Comme il vit Chéri fort triste, il lui demanda le sujet de son chagrin. Ce prince lui ayant répondu qu'il ne pouvoit souffrir le mépris de Zélie, et qu'il

---

Le Corbeau et le Renard.

CERTAIN CORBEAU TENOIT UN FROMAGE DANS SON BEC. LE RENARD VINT LUI DIRE : OH! QUE VOUS CHANTEZ BIEN! C'EST UN CHARME DE VOUS ENTENDRE. LE CORBEAU LE CROIT, CHANTE ET NE TIENT PLUS RIEN. QUI ÉCOUTE LES FLATEURS, N'EST PAS SAGE.

étoit résolu de se corriger de ses défauts, puisqu'il falloit être vertueux pour lui plaire, ce méchant homme lui dit : Vous êtes bien bon de vouloir vous gêner pour une petite fille ; si j'étois à votre place, ajouta-t-il, je la forcerois bien à m'obéir. Souvenez-vous que vous êtes Roi, et qu'il seroit honteux de vous soumettre aux volontés d'une Bergère qui seroit trop heureuse d'être reçue parmi vos esclaves. Faites-la jeûner au pain et à l'eau ; mettez-la dans une prison, et si elle continue à ne vouloir pas vous épouser, faites-la mourir dans les tourmens, pour apprendre aux autres à céder à vos volontés. Vous serez déshonoré, si l'on sait qu'une simple fille vous résiste ; et tous vos sujets oublieront qu'ils ne sont au monde que pour vous servir. Mais, dit Chéri, ne serai-je pas déshonoré, si je fais mourir une innocente? car enfin Zélie n'est coupable d'aucun crime. On n'est point innocent, quand on refuse d'exécuter vos volontés, reprit le confident : mais je suppose que vous commettiez une injustice, il vaut bien mieux qu'on vous en accuse, que d'apprendre qu'il est quelquefois permis de vous manquer de respect, et de vous con-

---

La Fourmi et la Mouche.

Misérable Fourmi, disoit fièrement la Mouche ; vil animal que le travail fera périr. Pour moi la bonne chère, le doux plaisir et la Cour. Adieu, Mouche, dit la Fourmi : l'hiver viendra.

tredire. Le courtisan prenoit Chéri par son foible, et la crainte de voir diminuer son autorité, fit tant d'impression sur le Roi, qu'il étouffa le bon mouvement qui lui avoit donné envie de se corriger. Il résolut d'aller le soir même dans la chambre de la Bergère, et de la maltraiter, si elle continuoit à refuser de l'épouser. Le frère de lait de Chéri, qui craignoit encore quelque bon mouvement, rassembla trois jeunes Seigneurs aussi méchans que lui, pour faire la débauche avec le Roi; ils soupèrent ensemble, et ils eurent soin d'achever de troubler la raison de ce pauvre Prince, en le faisant boire beaucoup. Pendant le souper, ils excitèrent sa colère contre Zélie, et lui firent tant de honte de la foiblesse qu'il avoit eue pour elle, qu'il se leva comme un furieux, en jurant qu'il alloit la faire obéir, et qu'il la feroit vendre le lendemain comme une esclave.

Chéri étant entré dans la chambre où étoit cette fille, fut bien surpris de ne la pas trouver; car il avoit la clef dans sa poche. Il étoit dans une colère épouvantable, et juroit de se venger sur tous

---

ceux qu'il soupçonneroit d'avoir aidé Zélie à s'échapper. Ses confidens l'entendant parler ainsi, résolurent de profiter de sa colère, pour perdre un Seigneur qui avoit été Gouverneur de Chéri. Cet honnête homme avoit pris quelquefois la liberté d'avertir le roi de ses défauts ; car il l'aimoit comme si c'eût été son fils. D'abord Chéri le remercioit ; ensuite il s'impatienta d'être contredit, et puis il pensa que c'étoit par esprit de contradiction que son Gouverneur lui trouvoit des défauts, pendant que tout le monde lui donnoit des louanges. Il lui commanda donc de se retirer de la Cour ; mais, malgré cet ordre, il disoit de temps en temps que c'étoit un honnête homme, qu'il ne l'aimoit plus, mais qu'il l'estimoit malgré lui-même. Les confidens craignoient toujours qu'il ne prît fantaisie au Roi de rappeler son Gouverneur, et ils crurent avoir trouvé une occasion favorable pour l'éloigner. Ils firent entendre au Roi que Suliman (c'étoit le nom de ce digne homme) s'étoit vanté de rendre la liberté à Zélie : trois hommes corrompus par des présens, dirent qu'ils avoient oui tenir ce discours à Suliman, et le Prince, transporté de colère, commanda à son

---

L'Oracle et le Roi.

UN ROI ENTENDIT JADIS CET ORACLE ADMIRABLE : POUR N'ÊTRE QUE LOUÉ, FAIS TOUT CE QUE TU VOUDRAS ; MAIS POUR QUE TU MÉRITES DE L'ÊTRE VRAIMENT, PRENDS TOUJOURS BIEN GARDE A CE QUE TU FERAS.

frère de lait d'envoyer des soldats pour lui amener son Gouverneur enchaîné comme un criminel.

Après avoir donné ces ordres, Chéri se retira dans sa chambre : mais à peine y fut-il entré que la terre trembla. Il fit un grand coup de tonnerre, et Candide parut à ses yeux. J'avois promis à votre père, lui dit-elle d'un ton sévère, de vous donner des conseils et de vous punir, si vous refusiez de les suivre : vous les avez méprisés, ces conseils ; vous n'avez conservé que la figure d'homme, et vos crimes vous ont changé en un monstre, l'horreur du Ciel et de la terre. Il est temps que j'achève de satisfaire à ma promesse, en vous punissant. Je vous condamne à devenir semblable aux bêtes dont vous avez pris les inclinations. Vous vous êtes rendu semblable au lion, par la colère ; au loup par la gourmandise ; au serpent, en déchirant celui qui avoit été votre second père ; au taureau, par votre brutalité. Portez dans votre nouvelle figure le caractère de tous ces animaux. A peine la Fée avoit-elle achevé ces paroles, que Chéri se vit avec horreur tel qu'elle l'avoit souhaité. Il avait la tête d'un lion, les cornes

---

Le Prince et le Berger.

UN PRINCE ÉLOIGNÉ DE SA SUITE, ENTRA CHEZ UN BERGER, ET LUI DIT : COMMENT VIS-TU ? JE VIS CONTENT ET JOYEUX COMME UN ROI ; MON TROUPEAU EST MON PEUPLE, JE SUIS HEUREUX QUAND JE LE VOIS : PLUS IL EST GRAS, PLUS JE PROFITE.

d'un taureau, les pieds d'un loup et la queue d'une vipère. En même temps, il se trouva dans une grande forêt, sur le bord d'une fontaine où il vit son horrible figure; et il entendit une voix qui lui dit : Regarde attentivement l'état où tu t'es réduit par tes crimes. Ton âme est devenue mille fois plus affreuse que ton corps. Chéri reconnut la voix de Candide, et dans sa fureur, il se retourna pour s'élancer sur elle et la dévorer, s'il lui eût été possible; mais il ne vit personne, et la même voix lui dit : Je me moque de ta foiblesse et de ta rage; je vais confondre ton orgueil, en te mettant sous la puissance de tes propres sujets.

Chéri crut qu'en s'éloignant de cette fontaine, il trouveroit du remède à ses maux, puisqu'il n'auroit point devant ses yeux sa laideur et sa difformité. Il s'avançoit donc dans le bois; mais à peine y eut-il fait quelques pas, qu'il tomba dans un trou qu'on avoit fait pour prendre les ours; en même temps des chasseurs qui étoient cachés sur des arbres, descendirent et l'ayant enchaîné, le conduisirent dans la ville capitale de son Royaume. Pendant le chemin, au lieu de reconnoître qu'il

---

Le Loup et la Brebis.

BELLE BREBIS, DISOIT UN LOUP QUI CHERCHOIT CURÉE, CHASSEZ CE BERGER, CE PÉDANT : QUOI, VOUS SUIVRA-T-IL TOUJOURS? ÊTES-VOUS UN ENFANT? LA BREBIS FUT ASSEZ FOIBLE POUR CROIRE LE LOUP; ELLE FUT DÉVORÉE.

s'étoit attiré ce châtiment par sa faute, il maudissoit la Fée, il mordoit ses chaînes et s'abandonnoit à la rage. Lorsqu'il approcha de la ville où on le conduisoit, il vit de grandes réjouissances; et les chasseurs ayant demandé ce qui étoit arrivé de nouveau, on leur dit que le Prince Chéri qui ne se plaisoit qu'à tourmenter son peuple, avoit été écrasé dans sa chambre par un coup de tonnerre, car on le croyoit ainsi. Les Dieux, ajouta-t-on, n'ont pu supporter l'excès de ses méchancetés, ils en ont délivré la terre. Quatre Seigneurs, complices de ses crimes, croyoient en profiter et partager son Empire entr'eux: mais le peuple qui savoit que c'étoient leurs mauvais conseils qui avoient gâté le Roi, les a mis en pièces, et a été offrir la couronne à Suliman que le méchant Chéri vouloit faire mourir. Ce digne Seigneur vient d'être couronné, et nous célébrons ce jour comme celui de la délivrance du Royaume; car il est vertueux et va ramener parmi nous la paix et l'abondance.

Chéri soupiroit de rage en écoutant ce discours, mais ce fut bien pis, lorsqu'il arriva dans la grande

---

Le Cerf qui se mire dans l'eau.

Un Cerf qui se miroit dans une eau claire, méprisoit sa jambe, et vantoit beaucoup son bois. Mais un jour pressé par des Chasseurs et arrêté par sa ramure: Ah! dit-il, que l'on juge souvent avec peu d'équité.

place qui étoit devant son Palais. Il vit Suliman sur un trône superbe, et tout le peuple qui lui souhaitoit une longue vie, pour réparer tous les maux qu'avoit faits son prédécesseur. Suliman fit signe de la main pour demander silence, et il dit au peuple : J'ai accepté la couronne que vous m'avez offerte, mais c'est pour la conserver au Prince Chéri ; il n'est point mort, comme vous le croyez ; une Fée me l'a révélé, et peut-être qu'un jour vous le reverrez vertueux comme il étoit dans ses premières années. Hélas ! continua-t-il en versant des larmes, les flatteurs l'avoient séduit. Je connoissois son cœur, il étoit fait pour la vertu ; et sans les discours empoisonnés de ceux qui l'approchoient, il eût été votre père à tous. Détestez ses vices ; mais plaignez-le, et prions tous ensemble les Dieux qu'ils nous le rendent : pour moi je m'estimerois trop heureux d'arroser ce trône de mon sang, si je pouvois l'y voir remonter avec des dispositions propres à le lui faire remplir dignement.

Les paroles de Suliman allèrent jusqu'au cœur de Chéri. Il connut alors combien l'attachement

---

Le Porc-Épic et le Loup.

O MON CHER PORC-ÉPIC, DISOIT UN LOUP SANGUINAIRE : TU SEROIS BEAU SANS TES PIQUANS ; CROIS-MOI, TU DEVROIS T'EN DÉFAIRE. OUI, LUI RÉPONDIT LE PORC-ÉPIC, MAIS QUAND LES LOUPS AURONT QUITTÉ LEURS DENTS.

et la fidélité de cet homme avoient été sincères; et il se reprocha ses crimes pour la première fois. A peine eut-il écouté ce bon mouvement, qu'il sentit calmer la rage dont il étoit animé : il réfléchit sur tous les crimes de sa vie, et trouva qu'il n'étoit pas puni aussi rigoureusement qu'il l'avoit mérité. Il cessa donc de se débattre dans sa cage de fer où il étoit enchaîné, et devint doux comme un mouton. On le conduisit dans une grande maison (menagerie) où l'on gardoit tous les monstres et les bêtes féroces, et on l'attacha avec les autres. Chéri alors prit la résolution de commencer à réparer ses fautes, en se montrant bien obéissant à l'homme qui le gardoit. Cet homme étoit un brutal ; et quoique le monstre fût fort doux, quand il étoit de mauvaise humeur, il le battoit sans raison. Un jour que cet homme s'étoit endormi, un tigre qui avoit rompu sa chaîne, se jeta sur lui pour le dévorer. D'abord Chéri sentit un mouvement de joie de voir qu'il alloit être délivré de son persécuteur ; mais aussitôt il condamna ce mouvement, et souhaita d'être libre. Je rendrois, dit-il, le

---

L'Avare qui a perdu son trésor.

MON OR EST PRIS, CRIOIT UN AVARE EN FUREUR, MON OR QUE JE CONSERVOIS PLUS PRÉCIEUSEMENT QUE MA VIE ! JAMAIS JE N'Y TOUCHOIS. EH BIEN ! LUI DIT UN PASSANT, RAMASSEZ QUELQUES COQUILLES ; ELLES VOUS VAUDRONT TOUT AUTANT.

bien pour le mal, en sauvant la vie de ce malheureux. A peine eut-il formé ce souhait, qu'il vit sa cage de fer ouverte: il s'élança aux côtés de cet homme qui s'étoit réveillé, et qui se défendoit contre le tigre. Le gardien se crut perdu, lorsqu'il vit le monstre; mais sa crainte fut bientôt changée en joie, ce monstre bienfaisant se jeta sur le tigre, l'étrangla et se coucha ensuite aux pieds de celui qu'il venoit de sauver. Cet homme, pénétré de reconnoissance, voulut se baisser pour caresser le monstre qui lui avoit rendu un si grand service; mais il entendit une voix qui disoit: *Une bonne action ne demeure jamais sans récompense:* et en même temps il ne vit plus qu'un joli chien à ses pieds. Chéri, charmé de sa métamorphose, fit mille caresses à son Gardien qui le mit entre ses bras, et le porta au Roi à qui il raconta cette merveille. La Reine voulut avoir le chien, et Chéri se fût trouvé heureux dans sa nouvelle condition, s'il eût pu oublier qu'il étoit homme et Roi. La Reine l'accabloit de caresses; mais dans la peur qu'elle avoit qu'il devînt plus grand

---

L'Aigle et la Pie.

Un jour la Pie vint se présenter pour servir l'Aigle, et aussitôt elle se mit a faire son caquet. C'est bien assez, lui dit l'aigle: allez, ma bonne, chercher ailleurs; gens causeurs ne sont nullement mon fait.

qu'il n'étoit, elle consulta ses Médecins qui lui dirent qu'il ne falloit le nourrir que de pain, et ne lui en donner qu'une certaine quantité. Le pauvre Chéri mouroit de faim la moitié de la journée; mais il falloit prendre patience.

Un jour qu'on venoit de lui donner son petit pain pour déjeûner, il lui prit fantaisie d'aller le manger dans le jardin du Palais; il le prit dans sa gueule, et marcha vers un canal qu'il connoissoit, et qui étoit un peu eloigné; mais il ne trouva plus ce canal, et vit à la place une grande maison dont les dehors brilloient d'or et de pierreries. Il y voyoit entrer une grande quantité d'hommes et de femmes magnifiquement habillés : on chantoit, on dansoit dans cette maison, on faisoit bonne chère; mais tous ceux qui en sortoient, étoient pâles, maigres, couverts de plaies et presque tout nus : car leurs habits étoient déchirés par lambeaux. Quelques-uns tomboient morts en sortant, sans avoir la force de se traîner plus loin; d'autres s'éloignoient avec beaucoup de peine : d'autres restoient couchés contre terre mourant de faim;

L'Aveugle conduit à la Cour.

Un aveugle est conduit pour affaires a la cour. Votre ennui, lui disoit-on, doit être bien grand. Il est vrai, répondit l'aveugle; mais enfin, au fond de ma misère, je vois, comme tous les Rois, avec les yeux d'autrui.

ils demandoient un morceau de pain à ceux qui entroient dans cette maison; mais ils ne les regardoient pas seulement. Chéri s'approcha d'une jeune fille qui tâchoit d'arracher des herbes pour les manger. Touché de compassion, le Prince dit en lui-même : J'ai bon appétit, mais je ne mourrai pas de faim jusqu'au temps de mon dîner; si je sacrifiois mon déjeûner à cette pauvre créature, peut-être lui sauverois-je la vie. Il résolut de suivre ce bon mouvement, et mit son pain dans la main de cette fille qui le porta à sa bouche avec avidité. Elle parut bientôt entièrement remise, et Chéri, ravi de joie de l'avoir secourue si à propos, pensoit à retourner au Palais, lorsqu'il entendit de grands cris. C'étoit Zélie entre les mains de quatre hommes qui l'entraînoient vers cette belle maison où ils la forcèrent d'entrer. Chéri regretta alors sa figure de monstre qui lui auroit donné les moyens de secourir Zélie; mais, foible chien, il ne put qu'aboyer contre ses ravisseurs, et s'efforça de les suivre. On le chassa à coups de pied, et il résolut de ne point quitter ce lieu, pour savoir ce que deviendroit Zélie. Il

---

Le Riche et le Savant.

Un Riche, fier de son opulence et sans craindre l'avenir, méprisoit un Homme de science. La guerre réduisit le Riche a la mendicité, tandis que le Savant fut toujours bien traité et bien reçu partout.

se reprochoit les malheurs de cette belle fille. Hélas! disoit-il en lui-même, je suis irrité contre ceux qui l'enlèvent; n'ai-je pas commis le même crime? Et si la justice des Dieux n'avoit prévenu mon attentat, ne l'aurois-je pas traitée avec autant d'indignité?

Les réflexions de Chéri furent interrompues par un bruit qui se faisoit au-dessus de sa tête. Il vit qu'on ouvroit une fenêtre, et sa joie fut extrême lorsqu'il aperçut Zélie qui jetoit par cette fenêtre un plat plein de viande si bien apprêtées, qu'elles donnoient appétit à voir. On referma la fenêtre aussitôt, et Chéri qui n'avoit pas mangé de toute la journée, crut qu'il devoit profiter de l'occasion. Il alloit donc manger de ces viandes, lorsque la jeune fille à laquelle il avoit donné son pain, jeta un cri, et l'ayant pris dans ses bras: Pauvre petit animal, lui dit-elle, ne touche point à ces viandes; cette maison est le palais de la volupté: tout ce qui en sort est empoisonné. En même temps, Chéri entendit une voix qui disoit: Tu vois qu'une bonne action ne demeure point sans récompense; et aussitôt il fut changé en un beau petit pigeon

---

Le Conquérant et le Corsaire.

Un Conquérant sur mer ayant rencontré un Corsaire, le traita de voleur. Celui-ci, homme franc, lui dit: Je suis un voleur, parce que je n'ai qu'une frégate, si j'avois comme toi cent vaisseaux, je serois Conquérant.

blanc. Il se souvint que cette couleur étoit celle de Candide et commença à espérer qu'elle pourroit enfin lui rendre ses bonnes grâces. Il voulut d'abord s'approcher de Zélie, et s'étant élevé en l'air, il vola tout autour de la maison, et vit avec joie qu'il y avoit une fenêtre ouverte; mais il eut beau parcourir toute la maison, il n'y trouva point Zélie, et désespéré de sa perte, il résolut de ne point s'arrêter qu'il ne l'eût rencontrée. Il vola pendant plusieurs jours; et étant entré dans un désert, il vit une caverne de laquelle il s'approcha. Quelle fut sa joie! Zélie y étoit assise à côté d'un vénérable Ermite, et prenoit avec lui un frugal repas.

Chéri transporté vola sur l'épaule de cette charmante Bergère, et exprimoit par ses caresses le plaisir qu'il avoit de la voir. Zélie, charmée de la douceur de ce petit animal, le flattoit doucement avec la main; et quoiqu'elle crût qu'il ne pouvoit l'entendre, elle lui dit qu'elle acceptoit le don qu'il lui faisoit de lui-même, et qu'elle l'aimeroit toujours. Qu'avez-vous fait, Zélie? lui dit l'Ermite: vous venez d'engager votre foi. Oui, char-

---

Le Chêne et le Roseau.

Un gros Chêne méprisoit un Roseau tendre et foible, et lui disoit qu'il plioit au moindre vent. Une violente tempête déracina le Chêne et le fit tomber. Souvent il vaut mieux plier que vouloir se défendre.

mante Bergère, lui dit Chéri, qui reprit à ce moment sa forme naturelle, la fin de ma métamorphose étoit attachée au consentement que vous donneriez à notre union. Vous m'avez promis de m'aimer toujours; confirmez mon bonheur, ou je vais conjurer la Fée Candide, ma protectrice, de me rendre la figure sous laquelle j'ai eu le bonheur de vous plaire. Vous n'avez point à craindre son inconstance, lui dit Candide, qui, quittant la forme de l'Ermite sous laquelle elle s'étoit cachée, parut à leurs yeux telle qu'elle étoit en effet. Zélie vous aima aussitôt qu'elle vous vit; mais vos vices la contraignirent à vous cacher le penchant que vous lui aviez inspiré. Le changement de votre cœur lui donne la liberté de se livrer à toute sa tendresse. Vous allez vivre heureux, puisque votre union sera fondée sur la vertu.

Chéri et Zélie s'étoient jetés aux pieds de Candide. Le Prince ne pouvoit se lasser de la remercier de ses bontés; et Zélie, enchantée d'apprendre que le Prince détestoit ses égaremens, lui confirmoit l'aveu de sa tendresse. Levez-vous, mes enfans, leur dit la Fée : je vais vous transporter

---

Le Laboureur et ses Enfans.

UN PÈRE HABILE DISOIT A SES ENFANS : FOUILLEZ BIEN DANS CE CHAMP, UN TRÉSOR Y EST CACHÉ QUELQUE PART. LE CHAMP BÊCHÉ VINGT FOIS N'EN DEVINT QUE PLUS FERTILE. LE TRAVAIL EST TOUJOURS UN TRÉSOR ASSURÉ.

dans votre Palais, pour rendre à Chéri une couronne de laquelle ses vices l'avaient rendu indigne. A peine eut-elle cessé de parler, qu'ils se trouvèrent dans la chambre de Suliman, qui, charmé de revoir son cher maître devenu vertueux, lui abandonna le trône et resta le plus fidèle de ses sujets. Chéri régna long-temps avec Zélie, et on dit qu'il s'appliqua tellement à ses devoirs, que la bague qu'il avait reprise, ne le piqua pas une seule fois jusqu'au sang.

RÉFLEXIONS.

CE N'EST POINT L'ÉPÉE QUI DOMPTE LA COLÈRE DES AUTRES, MAIS LA PAROLE DOUCE ET HUMBLE. QUAND ILS CRIENT, NOUS CRIONS NOUS-MÊMES ; NOUS EMPLOYONS LES INJURES, LES MENACES ET LES MOYENS VIOLENS POUR LES FAIRE TAIRE, ET NOUS OUBLIONS QU'IL NE FAUT QU'UN MOT DE DOUCEUR ET DE CIVILITÉ.

UNE LANGUE DOUCE, DISCRÈTE ET ÉLOQUENTE EST L'ARBRE DE LA VIE DANS LA MAISON ET DANS LA COMPAGNIE OU ELLE EST. CHACUN EN TIRE DES FRUITS DE CONSOLATION ET DES REMÈDES POUR LES INQUIÉTUDES ET POUR LES AUTRES MALADIES INTÉRIEURES.

ELLE GUÉRIT TOUTES LES PLAIES DE NOTRE AME; MAIS LA LANGUE TÉMÉRAIRE EST UNE ÉPÉE QUI LA BLESSE, ET QUI PAR SES PAROLES INCONSIDÉRÉES LUI PORTE DES COUPS MORTELS JUSQU'AU FOND DU COEUR.

IL Y A CERTAINES GENS DONT LA SCIENCE EST DE SAVOIR TOUT CE QU'IL Y A DE HONTEUX DANS LA MAISON ET DANS LA VIE DE CHAQUE PERSONNE, ET DONT L'EMPLOI EST D'EN PARLER SANS CESSE, ET DE LE PUBLIER PARTOUT.

C'EST ÊTRE BIEN SAGE QUE D'ÉVITER LA RENCONTRE DE CES GENS-LA.

TABLE

Qui indique le moyen de lier les mots. Il sera bon que les Enfans la parcourent plusieurs fois; et après, on leur fera exécuter les liaisons dans le cours d'une lecture quelconque.

bien utile	*se prononce comme*	bien-n'utile.
mes amis.	. . . . . .	mes-z'amis.
elle arrive	. . . . . .	el-l'arrive.
doit être.	. . . . . .	doit-t'être

son habit . . . . son-n'abit.
deux épées. . . . . deux-z'épées.
trop entêté. . . . . tro-p'entêté.
l'un et l'autre. . . . . l'un-n'et l'autre.
grand homme. . . . . grand-t'homme.
dix écus. . . . . dix-z'écus.
très-habile. . . . . très-z'habile.
on enseigne. . . . . . . on-n'enseigne.
aux autres. . . . . aux-z'autres.
en étourdi. . . . . en-n'étourdi.
après avoir. . . . . après-z'avoir.
un insensé. . . . . un-n'insensé.
cinq assiettes. . . . . . cinq-qu'assiettes.
avec esprit. . . . . avec-qu'esprit.
pas étonnant. . . . . . pas-z'étonnant.
neuf ans. . . . . neuf-v'ans.

AVIS.

La lecture du Latin n'est pas difficile pour les Enfans qui ont appris celle du François par cette méthode. Comme il n'y a que quelques sons à changer, il ne leur faut ordinairement guère plus de huit ou dix leçons, pour qu'ils le lisent couramment; mais on recommande de ne les y faire passer que lorsqu'ils sont bien affermis dans la lecture du François.

On leur fera observer que toutes les lettres finales, ou figures, se font sentir dans la prononciation latine.

TABLE

Des Sons Latins.

Un dé. . . .	e œ æ	Un raisin. .	en ens ent
Une veste. . . .	est	Un . . .	unc nunc
Une abesse. . . .	es	. . .	tunc cunc hunc
Une ville. . . .	ill	Un châ *ssis*. . . .	ti
Une fourchette. .	et	Une perru *que*. . .	ch
Un homme. .	um om	Du su *cre* . . .	chr
. . . . .	am em im	Un ambi *gu*. . .	gu
Une danse.	ans ins ons	Des fa *gots*. . .	gu
. . . . .	ant int ont	Un é *cu*. . . .	qu
Une canne.	an en in on	Des abri *cots*. . .	qu
Un mouton.	un uns unt	Gn *comme* guene.	gn

Répétition des mêmes Sons.

Premier Ordre.

unt est hunc gu int em un e ant om ti es nunc an ons œ on uns ch ens ill tunc ans am qu æ in chr et im et en gn ent cunc um ins ont unc.

Second Ordre.

gu un om hunc an œ on um am in et ent unc et ont nunc est em ant es ons ens tunc æ chr uns en ins unt int e ti qu gn cunc ch ill im ans.

SYLLABES LATINES

Dans lesquelles chaque terminaison est exprimée plusieurs fois, afin d'affermir promptement les Enfans sur la lecture des mots latins, même les plus difficiles.

e

be fe ge le cre fle pe me tre de cle je fre ne ple dre phe se bre ve te pre gle spe ste stre vre ble re cte xe ze pte.

œ

bœ fœ jœ lœ crœ flœ pœ mœ trœ dœ clœ frœ nœ plœ.

æ

dræ præ sæ bræ væ tæ præ glæ spæ stæ græ vræ blæ ræ ctæ xæ.

es

bes fes ges les cres fles pes mes tres des cles fres nes ples dres phes ses bres ves tes pres gles spes stes stres gres vres bles res ctes xes zes ptes jes.

ill

illam illas ille illa illos illud illic illum illius illinc illæ illis illes illuc illorum illarum illæ.

est

best fest gest lest crest flest pest mest trest dest clest frest.

qu *comme* co

quo qua quam quas quos quot quod quat qua quant quar quum quam quunt quum quant quos quas quam quod qua quar quo quunt quod quat quant quot quum quos quas quod quant qua quar quunt quat quot quam quo.

qu *comme* cu

qui quem quinque quid quæ quis quent quens quit ques quim quint quet quin que quens quint quæ qui quin quid quit quim ques quis quet quem que ques quens quid quis quin quem quent quæ quet qui.

ch

cha chi chu chunt chim chor chas chos chans chis che cho chant cham chir cher chem chams cher chum chæ chunt.

chr

chre chris chram chras chrunt chri chres chrum chris chros chrons chret chrus chrans chret chrens chro chres chram chron chræ chrent chrunt.

gu *comme* guu

gue gues guem guim guens gui guæ guent gues guæ guem guens guet guen gue gues guent guim guem.

gu *tantôt* guu, *tantôt* go.

guam guas gunt guant gua guans guo gunt guax guat guar guant guas guat guans guam gua guant guos guax guo gunt.

am

guam nam plam dram pham sam bram vam tam pram glam squam chram quam.

em

spem stem strem chrem grem quem vrem rem blem ctem zem xem bem fem ptem guem.

im

lim gim chim crim gnim flim chrim pim mim trim quim dim clim frim guim nim squim.

gn

gna gni gnens gnet gne gnu gno gner gnunt gnes gnæ gnam gnis gnent gnim gnans gnem gnant gnos gnunt gnas gnus gnum gnat gnem gnent gnis gnas gnam gnæ gnens gnum gnet gnes gnat.

unc *comme* unque

unc nunc tunc cunc hunc hac hæc hic hoc huc hinc nunc hanc illinc tunc illuc istuc illic hunc illinc hæc tunc hac illuc cunc hoc tunc istinc hanc nunc.

ti *comme* ci.

tia tiæ tiam tiis tiarum tias tium tii tius tio tiens tians ties tiu tiem tiim tie tios tient tium tiæ tiunt tians ties tii tient tiam tiint tiunt tiens tient tiem ties.

om

plom drom phom guom som brom vom tom prom glom squom spom chom stom strom chrom grom quom gnom.

um

blum rum ctum ptum xum sum brum vum rum prum cum glum squum spum stum grum quum vrum strum bum fum guum lum chum crum gnum flum pum mum chrum gnum cum plum.

an

vran blan chran ran ctan guan zan ptan xan

ban fan gan lan chan quan cran van flan pan squan chan.

en

men tren den chren clen fren guen nen plen dren phen chen sen quen bren ven ten pren glen squen gnen.

in

spin stin grin strin quin vrin blin rin ctin xin guin chrin gnin zin ptin bin fin gin lin.

on

chon cron gnon chron flon pon mon tron don non clon fron guon plon dron phon quon son lon squon.

un

bun fun gun lun cun crun gnun chun flun pun mun trun dun clun frun guun sun run lun.

et

net tet gret chet gnet det quet met plet stet get guet set blet cet cret.

ans

nans plans drans phans sans chrans brans vans tans prans glans squans spans stans grans bans gnans strans plans.

ant

prant glant squant spant grant quant gnant stant vrant strant blant cant guant vant chrant ctant tant xant ptant zant gant bant.

ens

quens vrens blens rens chrens ctens xens zens ptens bens fens tens gens lens chens crens gnens plens dens.

ent

bent fent gent lent chent crent gnent flent pent ment trent dent clent chrent frent guent nent stent phent flent.

int

plint drint phint sint chrint brint vint tint pint glint guint spint grint stint quint vrint.

unt

blunt runt chrunt ctunt xunt zunt ptunt bunt funt guunt lunt chunt crunt gnunt flunt punt munt trunt dunt clunt frunt guunt nunt plunt drunt phunt crunt brunt vunt tunt prunt glunt squunt spunt stunt quunt sunt.

ons

flons pons mons trons dons clons frons guons nons plons fons gons drons chons phons sons brons vons tons.

PIÈCE
DE LECTURE,

Dans laquelle toutes les Terminaisons Latines sont répétées par différens mots.

Vide charitatibus villam satiatur qui familiæ christianis et columnam veniet prudentiæ quo et timebunt cœlestibus hac christianus reverentiam nunc languidus dicens experientiis noctem sedes legerint ineptias in chorus exundantem confluentium fulgent vim potius probationum amant omnes hæc non mutaverunt negotiantem cum mutans magnus lumen nunc an linguam reverentiam.

Germinare eucharistia humillimas absentia notæ quem et christe columbam amet adolescentiæ legunt hic cœlestium qua christum insolentiam tunc languens violentiis docens septem comes docuerint impatientias mon fecunditate chori viventium legent audiverim diutius credant communis hoc delineationis nonne adeuntium negotiantium putans magnum semen tunc annus linguas erunt absentia.

Generatio machinabatur illæ sentiamur quin præsentium christianos est huc facundiam licet magnificentiæ audiunt cœcarum quam antichristum malitiam hunc languet legens et opulentiis languentem dies sint delicias fons loquuntur choro præsentium mulcent docuerim citius hac ignorant expectatio omnia nonnullus morbum negotiantibus amans magnopere nomen fuerunt hunc annales linguarum.

Eatur chartarius ancillas ingentia alioquin sententiæ christus et misericordiam leget justitiæ possunt cœnobia quas sunt chronologum nequitiam cunctandus languefecit rigens hominem et munificentiarum Anchises fuerint licentias in hæc voluntas et chorum vitii celebrent legerim sanctius existimant commune nonnunquam explorationem summum negotianti exaltans magnificum crimen cunctandus anne linguans scierunt.

Procedit chelidoniæ illa vitia qui politicæ christianum est quoniam deprimeret tristitiæ induxerunt cœlicolis quod christinam cunctantis sanguis scientiam avaritiarum potens nationem feles possint reverentias sons obsequuntur choræ solatii respondent sitim amputarunt prestantius doceant commune patientiam nonnusquam et lumbum hic negotiatio flamen magnificat conantem nunc annexus linguantis.

Fidei chiromantiis facillimum præstantia quæ ezechiæ taceret christianissimum et burgundiam elegantiæ deducunt quod cœliferarum chrombum pœnitentiam cunctatio sanguinis cupiens invidiarum æmulationem miles consignaverint conscientias pons hoc nunquam choris silentii possent est securim potentius parant omnium merserunt patientes nonnulli clamans plumbum negotia trium dedignatur cognomen cunctantis et annona linguantem.

Acceperant chorda millibus pugnantia aliquem elisæum chrema est tædam digereret gratiæ violarunt cœnaculis aliquot christianissimum sapientiam tunc sanguinem et videns abundantiarum fundatorum doces audiverint nuptias in eundum chorda pretii superent diligerim propitius huc cum laborant omne patientem non quoties lacrymans expugnabunt carmen tunc annotat linguantes fleverunt.

Itaque chromatis illud luctantia quid ignorantiæ chrisma et etiam ambularet impudentiæ pereunt aliquod chronicam sententiam cunctatus languescens hac ridens indulgentiarum generationem leges consonuerint imperantium mons eundem chordam exitii dissimulent abjecerim sapientius omnipotens notant patiendi non etiam hæc meum toties magnificentia fœdarunt est rigans agmen cunctatio annua linguantibus.

Quotidie chorus illam patientia quisque tractandæ chrismatis est pristinam imprimeret malitiæ responderunt cœnationibus quondam chriæ solertiis cunctantur languide cadens opulentiarum eundem dulces laboraverint laudantium fons et stabiliuntur charus flagitii relinquent exploraverim cum latius exarant est omnipotentis patiens non idem possunt nostrum quoties flagrans pugnavit certamen hunc annulus linguas amen.

TABLE DES ABBRÉVIATIONS

Usitées tant dans le Latin que dans le Français, et surtout dans la Gazette, rangées selon l'ordre Alphabétique.

J. C. Jésus-Christ.
L. M. Leurs Majestés, en parlant du Roi et de la Reine.
Mgr. Monseigneur.
Mr. Monsieur.
Me. Maître.
Mre. Messire.
Mme. Madame.
Mlle. Mademoiselle.
N. D. Notre-Dame, c'est-à-dire, la sainte Vierge.
N. S. J. C. Notre Seigneur Jésus-Christ.
Le P. R. Le Prince Royal. C'est ainsi qu'on appelle le fils aîné du Roi de Pologne et du Roi de Prusse.
La R. P. R. La religion prétendue réformée.
S. A. Son Altesse. Qualité qu'on donne aux Princes et Princesses.
S. A. E. Son Altesse Électorale. Titre qu'on donne aux Princes électeurs de l'Empire.
S. A. R. Son Altesse Royale. Titre qu'on donne aux Electeurs qui sont Rois, quand on ne les considère que comme Electeurs, et aux Princes et Princesses du Sang.
S. A. S. Son Altesse Sérénissime.
S. Em. Son Eminence. Qualité d'un Cardinal.
S. Exc. Son Excellence. Titre qu'on donne aux Ambassadeurs et aux Maréchaux de France.
S. G. Sa Grandeur. Titre d'un Évêque et d'un Archevêque.
S. H. Sa Hautesse, l'Empereur des Turcs.

S. M. Sa Majesté ou le Roi.
S. M. Brit. Sa Majesté Britannique, le Roi d'Angleterre,
S. M. C. Sa Majesté Catholique, le Roi d'Espagne.
S. M. T. C. Sa Majesté Très-Chrétienne, le Roi de France.
S. M. Dan. Sa Majesté Danoise, le roi de Danemarck.
S. M. Imp. Sa Majesté Imperiale, l'Empereur.
S. M. Nap. Sa Majesté Napolitaine, le Roi de Naples.
S. M. Pol. Sa Majesté Polonaise, le Roi de Pologne.
S. M. Port. Sa Majesté Portugaise, le Roi de Portugal.
S. M. Suéd. Sa Majesté Suédoise, le Roi de Suède.
S. S. Sa Sainteté, ou le Pape.

Ant. Antienne.
Ibid. Ibidem, *ou* le même.
Ps. Psaume.
℣. Verset.
℟. Répons.

Abrévations Latines.

Ant. Antiphona.
D. O. M. Deo optimo maximo.
Ibid. Ibidem.
Nª. Nota.
N. B. Nota bene.
P. C. Patres conscripti.
P. S. Post scriptum.
Ps. Psalmus.
R. P. Res publica.
S. P. Q. R. Senatus Populusque Romanus.
V. G. Verbi gratiâ.
℣. Versus.
&c. Et cetera.

ã	*ẽ*	*ĩ*	*õ*	*ũ*	Dñs	Am̃
am an	em en	im in	om on	um un	Dominus	Amen

Autre Table pour apprendre à connoître les chiffres Arabes et Romains.

un	1	I.
deux	2	II.
trois	3	III.
quatre	4	IV.
cinq	5	V.
six	6	VI.
sept	7	VII.
huit	8	VIII.
neuf	9	IX.
dix	10	X.
onze	11	XI.
douze	12	XII.
treize	13	XIII.
quatorze	14	XIV.
quinze	15	XV.
seize	16	XVI.
dix-sept	17	XVII.
dix-huit	18	XVIII.
dix-neuf	19	XIX.
vingt	20	XX.
vingt-un	21	XXI.
vingt-deux	22	XXII.
vingt-trois	23	XXIII.
vingt-quatre	24	XXIV.
vingt-cinq	25	XXV.
vingt-six	26	XXVI.
vingt-sept	27	XXVII.
vingt-huit	28	XXVIII.
vingt-neuf	29	XXIX.
trente	30	XXX.
trente-un	31	XXXI.
trente-deux	32	XXXII.
trente-trois	33	XXXIII.
trente-quatre	34	XXXIV.
trente-cinq	35	XXXV.
trente-six	36	XXXVI.

trente-sept	37	XXXVII.
trente-huit	38	XXXVIII.
trente-neuf	39	XXIX.
quarante	40	XL.
quarante-un	41	XLI.
quarante-deux	42	XLII.
quarante-trois	43	XLIII.
quarante-quatre	44	XLIV.
quarante-cinq	45	XLV.
quarante-six	46	XLVI.
quarante-sept	47	XLVII.
quarante-huit	48	XLVIII.
quarante-neuf	49	XLIX.
cinquante	50	L.
cinquante-un	51	LI.
cinquante-deux	52	LII.
cinquante-trois	53	LIII.
cinquante-quatre	54	LIV.
cinquante-cinq	55	LV.
cinquante-six.	56	LVI.
cinquante-sept	57	LVII.
cinquante-huit	58	LVIII.
cinquante-neuf	59	LIX.
soixante	60	LX.
soixante-un	61	LXI.
soixante-deux	62	LXII.
soixante-trois	63	LXIII.
soixante-quatre	64	LXIV.
soixante-cinq	65	LXV.
soixante-six	66	LXVI.
soixante-sept	67	LXVII.
soixante-huit	68	LXVIII.
soixante-neuf	69	LXIX.
soixante-dix	70	LXX.
soixante-onze	71	LXXI.
soixante-douze	72	LXXII.
soixante-treize	73	LXXIII.

	Arabes	*et Romains.*
soixante-quatorze	74	LXXIV.
soixante-quinze	75	LXXV.
soixante-seize	76	LXXVI.
soixante-dix-sept	77	LXXVII.
soixante-dix-huit	78	LXXVIII.
soixante-dix-neuf	79	LXXIX.
quatre-vingts	80	LXXX.
quatre-vingt-un	81	LXXXI.
quatre-vingt-deux	82	LXXXII.
quatre-vingt-trois	83	LXXXIII.
quatre-vingt-quatre	84	LXXXIV.
quatre-vingt-cinq	85	LXXXV.
quatre-vingt-six	86	LXXXVI.
quatre-vingt-sept	87	LXXXVII.
quatre-vingt-huit	88	LXXXVIII.
quatre-vingt-neuf	89	LXXXIX.
quatre-vingt-dix	90	XC.
quatre-vingt-onze	91	XCI.
quatre-vingt-douze	92	XCII.
quatre-vingt-treize	93	XCIII.
quatre-vingt-quatorze	94	XCIV.
quatre-vingt-quinze	95	XCV.
quatre-vingt-seize	96	XCVI.
quatre-vingt-dix-sept	97	XCVII.
quatre-vingt-dix-huit	98	XCVIII.
quatre-vingt-dix-neuf	99	XCIX.
cent	100	C.
deux cents	200	CC.
trois cents	300	CCC.
quatre cents	400	CCCC.
cinq cents	500	D.
six cents	600	DC.
sept cents	700	DCC.
huit cents	800	DCCC.
neuf cents	900	DCCCC.
mille	1000	M.

FIN.

www.ingramcontent.com/pod-product-compliance
Lightning Source LLC
LaVergne TN
LVHW050539100826
845148LV00002B/611

* 9 7 8 2 0 1 2 1 8 6 4 9 1 *